Übrigens:

der **„Welttag der Dankbarkeit"** findet jährlich am **21. September** statt

Heike Führ ist in Mainz geboren, hat zwei erwachsene Kinder und drei Enkel. Seit gut neun Jahren lebt Seelenhund Smiley bei ihr und ihrem Partner.

Sie ist seit 1994 an Multiple Sklerose erkrankt und führt zur Information darüber einen äußerst erfolgreichen Blog, sowie die gleichnamige sehr lebendig laufende Facebook-Seite MULTIPLE ARTS. Sie ist eine leidenschaftliche, erfahrene, routinierte und erfolgreiche Bloggerin und arbeitet für mehrere Projekte. Nicht nur in den „Sozialen Medien" ist sie besonders bekannt, sondern auch durch Fernsehauftritte und als Gast bei Radiosendungen.

Als Autorin hat sie bereits 20 MS-Begleitbücher, zwei Kinderbücher und beispielsweise ein „Glücks-Buch" und ein „Freundschafts-Buch", sowie Kochbücher, u.a. „LOW CARB für UNTERWEGS" geschrieben.

Heike Führ ist Pädagogin - mit vielen psychologischen Fort- und Weiterbildungen - mit dem Schwerpunkt „Pädagogische Psychologie". Sie belegte auch mehrere Kurse für „Yoga mit Kindern". Diese intensive Zeit und ihr pädagogisches Wissen prägen auch ihr Schreiben.

Seit mehr als vier Jahren nimmt sie täglich CBD-Öl ein und da sie so begeistert von der Wirksamkeit ist, informiert sie ausführlich auf ihrem Blog darüber.

http://multiple-arts.com/

Heike Führ

DANKBARKEIT
Die Lösung zu einem erfüllten Leben

Wege aus den Tiefen des Lebens heraus

Das schöne Gefühl, am Leben zu sein

\>**DANKBARKEIT - Die Lösung zu einem erfüllten Leben**<

© 2023 Heike Führ

Originalausgabe Februar 2023

© 2023 Herstellung und Verlag:

BoD – Books on Demand, Norderstedt

ISBN: 9783738632798

© 2023 Satz, Layout: Heike Führ

Cover-Foto: Heike Führ

Alle Rechte vorbehalten.

All Rights reserved - Das Werk darf - auch teilweise - nur mit Genehmigung des Verlags und Autors wiedergegeben werden.

ISBN: 9783738632798

Bibliografische Information der Deutschen Nationalbibliothek: Die Deutsche Nationalbibliothek verzeichnet diese Publikation in der Deutschen Nationalbibliografie; detaillierte bibliografische Daten sind im Internet über http://dnb.de abrufbar. Printed in Germany.

INHALTSVERZEICHNIS

- S. 7 VORWORT
- S. 16 DANKBARKEIT
- S. 16 Wenn man Dankbarkeit lebt
- S. 19 Was ist Dankbarkeit?
- S. 20 Ist Dankbarkeit nur Dankbarkeit? Der Zusammenhang mit dem Wohlbefinden
- S. 25 POSITIVES DENKEN
- S. 26 Niederlagen und Aufstehen
- S. 27 Was ist nun das positive Mindset?
- S. 29 Affirmationen
- S. 32 Visualisieren
- S. 33 In Bewegung mit unserem Mindset
- S. 35 Positiv denken
- S. 41 Dankbarkeit
- S. 44 Zusammenfassung
- S. 50 Spirituelle Gedanken
- S. 55 Dankbarkeit – der schnellste Weg zu mehr Lebensfreude
- S. 57 Dankbarkeit als Weg/Rituale
- S. 60 Positive Effekte / Gesundheit
- S. 61 Dankbarkeit als persönliches „Muss"?
- S. 65 Für was ich heute dankbar bin
- S. 66 WERTSCHÄTZUNG
- S. 69 EMOTIONEN und Dankbarkeit
- S. 73 Psychosomatik und Dankbarkeit
- S. 75 „INNERES KIND"
- S. 81 SELBSTWERT
- S. 83 ICH-BEWUSSTSEIN
- S. 85 DANKE SAGEN KÖNNEN
- S. 87 DANK ANNEHMEN KÖNNEN
- S. 91 UNDANKBAR-UNGLÜCKLICH
- S. 94 DANKBARKEIT IST ENTWAFFNEND
- S. 98 DANKBARKEIT KANN MAN LERNEN
- S. 100 Übungen zur praktizierenden Dankbarkeit
- S. 105 DANKBARKEIT GEGENÜBER DEN MENSCHEN
- S. 111 VERGEBUNG UND DANKBARKEIT
- S. 114 Wofür ich heute gerade dankbar bin
- S. 115 „Ein Glas voller schöner Dinge"
- S. 117 MEINE TEXTE
- S. 122 Neid/Missgunst/Stolz
- S. 125 ZITATE
- S. 127 Zum SCHLUSS
- S. 131 Links
- S. 132 Meine Bücher

Hinweis

Für dieses Buch wurde sehr sorgfältig recherchiert – allerdings ist es kein wissenschaftliches Fach- oder Lehrbuch. Alle angegebenen Informationen wurden nach bestem Wissen und Gewissen zusammengetragen und weitergegeben.

Das Buch und seine Inhalte sollen dem Leser dazu verhelfen, eine Hilfe zur Selbsthilfe zu finden und eigenverantwortlich den eigenen Erfahrungshorizont zu erleben und zu erweitern. Es stellt trotz der ausführlichen Hintergrundinformationen immer nur eine Orientierungshilfe dar und kann niemals den Besuch eines Arztes ersetzen, wenn man professionelle Hilfe benötigt.

Denke lieber an das, was Du hast,
als an das, was Dir fehlt!
Suche von den Dingen, die Du hast, die Besten aus
und bedenke dann,
wie eifrig Du nach ihnen gesucht haben würdest,
wenn Du sie nicht hättest.
-Marc Aurel-

Liebe LeserInnen,

Dankbarkeit, die von Herzen kommt, hat magische Kräfte – für die eigene Persönlichkeit und das soziale Umfeld. Das hat sicher jeder schon erlebt. Dankbarkeit kann anstecken wirken und sich verbreiten – das ist ein wundervolles Erleben. Dankbarkeit ist definitiv der richtige Weg zu mehr Lebensfreude, Glück und Erfolg. Das Erleben von Wertschätzung, Zufriedenheit und Achtsamkeit ist die Basis einer jeden Lebensweise, die von Dankbarkeit geprägt ist.

Und schon Philosophen, Schriftsteller und unsere Großeltern haben uns empfohlen, dass wir dankbar sein sollten, das Positive in allem sehen dürften um uns dann abends zu erlauben, den Tag mit einem positiven Rückblick ausklingen zu lassen. So falsch kann also der Gedanke an das Praktizieren der Dankbarkeit nicht sein.

Interessant ist dementsprechend auch immer wieder, dass Menschen, die diese Eigenschaften besitzen, auf ihre Umgebung deutlich positiver wirken, als dies undankbare Personen tun. Dadurch sind sie sowohl im Beruf als auch im Privatleben erfolgreicher.

Um Dankbarkeit leben zu können, muss man ein Gespür für seine Mitmenschen und für Situationen an sich entwickeln. Empathie ist ein Grundpfeiler dafür.

Dankbarkeit hat viele Fassetten und diesen möchte ich mich hier annehmen – ich möchte sie ergründen und Sie mit auf diese Reise nehmen. Die Reise zu sich selbst, zu tiefen achtsamen Gefühlen, zu Empathie und zur Dankbarkeit – und dies eng verkoppelt mit Zufriedenheit und Glück.

> **Prinzipiell ist Dankbarkeit eine positive Bewusstseinsrichtung.**

Aber es gibt auch die Interpretation von „Falscher Dankbarkeit" und der Erwartung der Dankbarkeit. Ein komplexes Thema also.

Wir wissen und haben dies erlebt, dass das einfache Wort „Danke" eine große Wirkung hat, wenn es ehrlich gemeint ist und von Herzen kommt. Studien belegen, dass Menschen, die Dankbarkeit für ihr Dasein empfinden, beliebter und erfolgreicher sind. Sie erleben alles in ihrem Leben bewusster, zeigen sich anderen Zeitgenossen gegenüber gerne erkenntlich und empfinden Dankbarkeit nicht als moralische Verpflichtung.

Und wir wissen ebenfalls, dass sich Dankbarkeit auf vielfältige Weise zum Ausdruck bringen lässt.

Das Besondere im Beziehungsgeflecht der Dankbarkeit ist, dass ein dankbarer Mensch seinem Gegenüber seine volle Aufmerksamkeit schenkt und ihm Wertschätzung entgegenbringt. Das allein macht schon beide Seiten sehr zufrieden.

Dankbarkeit ist ein tief verwurzeltes stilles Gefühl, das unser Befinden auf positive Weise beeinflusst. Dankbarkeit wirkt nachhaltig, was wiederum zu anhaltender Zufriedenheit führen kann. Allerdings muss man dafür auch etwas tun: es ist notwendig, das Dankbare zur ernsthaften Lebenseinstellung zu machen, sodass es zum Merkmal unserer Persönlichkeit werden kann. Dankbarkeit ist erlernbar – das ist die gute Nachricht! ☺

> ➢ **Dankbarkeit hebt das individuelle Glückslevel an, weil man sich bewusst macht, welche schönen Dinge das eigene Leben bereichern.**

Und ganz oft entsteht echte Dankbarkeit nach einschneidenden Erlebnissen wie einer schweren Erkrankung oder einem plötzlichen Unfall. Dann gewinnen die Lebensqualität und die Frage nach dem Sinn des Lebens eine neue Priorität. Deshalb ist es so wichtig, sich immer wieder aufs Neue bewusstzumachen, dass Gesundheit, Frieden, eine Wohnung, ein Job, finanzielle Sicherheit und genug Nahrung keine Selbstverständlichkeiten sind.

Dankbarkeitsgefühle zeichnen sich dadurch aus, dass Gegebenes voller Achtsamkeit und Respekt betrachtet wird.

Denn Wertschätzung kann eine wundervolle Form der Dankbarkeit sein. Wenn man seine Mitmenschen ehrlich wertschätzt und ihnen ohne Vorurteile begegnet, verzeiht man auch schneller Fehler und zeigt eher Anerkennung. Leider kommen diese Wertschätzung und das gegenseitige Loben viel zu kurz, aber Anerkennung schafft immer eine angenehme Stimmung und zeichnet sich durch respektvolles Verhalten im Umgang mit Freunden, Familie, Arbeitskollegen und auch Fremden aus.

Kurz zu meiner Person und warum ich mich diesen Themen widme: ich bin Pädagogin und habe mich pädagogischen, psychologischen und spirituellen Themen schon immer verschrieben; mit Leidenschaft und Wissensdurst!

Auf Grund meiner chronischen und bislang noch unheilbaren Erkrankung Multiple Sklerose, die ich seit fast 30 Jahren habe, musste ich durch sehr tiefe Täler wandern und habe für mich einen Weg gesucht, wie ich mit der Erkrankung und der daraus resultierenden Situation am Bestmöglichsten umgehe ohne unterzugehen. Ich entwickelte eine starke Resilienz, recherchierte viel und stieß somit immer wieder auf die wertvollen Themen der Lebensbewältigung, wie Glück, Hoffnung und Dankbarkeit.

Seit gut zehn Jahren führe ich meinen Blog **MULTIPLE ARTS** und habe dadurch enorm viel Kontakt zu anderen chronisch Kranken und vielen anderen interessanten Personen. Aus meinem eigenen Erleben und dem, was mir meine Follower erzählen, ziehe ich die Erfahrung um hier schreiben zu können!

Wenn man selbst viel erlebt hat, einige Schicksalsschläge erleben musste und gelernt hat, immer wieder aufzustehen, dem Leben und der Krankheit die Stirn zu bieten, dann lernt man viel Positives daraus und entwickelt eine besondere Stärke.

Auf Grund dessen war ich auch schon als Gast zu TV-Sendungen (ZDF, SWR) und Radiosendern (auch RPR1) und durfte unzählige Interviews für Zeitungen geben! („Psychologie Heute", Süddeutsche Zeitung und so weiter).

Da ich so ein tolles Feedback von meinen Followern bekomme, macht mir dies Mut immer weiter zu schreiben und mein Erleben mitzuteilen. Wer es annehmen mag, dem wünsche ich einen ebenfalls guten WEG! Wenn es für den ein oder anderen nicht passt, ist das genauso OK!

Authentisches Sein und glaubwürdiges Berichten sind einfach ein Teil von mir geworden und auch dafür bin ich sehr sehr dankbar!

Dieses Manuskript habe ich bereits vor einigen Jahren angefangen zu schreiben – als Nachfolge meiner Buch-Reihe „Glück - Hoffnung - Dankbarkeit"!

Dann ist es liegengeblieben…

Das hatte Gründe, die mich wiederum noch mehr im Umgang mit Dankbarkeit gelehrt haben und vor allem, immer den Blick auf das Schöne in meinem Leben zu richten.

Ich habe einige sehr schwere Jahre hinter mir:

2020 verstarb mein Mann Peter nach zwei Jahren Kampf an seinem Gehirntumor.

Es war eine sehr traurige, fassungslose und äußerst verzweifelte Zeit, die mein Leben buchstäblich auf den Kopf gestellt hat.

(Darüber habe ich auch ein Buch geschrieben, das Sie im Anhang finden: „Unheilbar krank"). Darin habe ich meine Erfahrungen wiedergegeben, die ich als Angehörige gemacht habe und aufschrieb, um anderen Menschen, die Gleiches durchmachen, zu helfen. Es fand sehr viel Anklang.

Meinen Blog MULTIPLE ARTS habe ich eine Zeitlang ruhen lassen, um dann wieder gestärkt weiterzumachen.

Diese schwere Phase meines Lebens hat mich so viel gelehrt: Hilfe anzunehmen zum Beispiel, auch sehr gut auf mich und meine Bedürfnisse zu achten, Sterbebegleitung und Vieles mehr.

Die Dankbarkeit war dann erst einmal nicht vorhanden. Selbst die Hoffnung wurde uns durch die schwere Diagnose genommen.

Aber trotz all der fürchterlichen Umstände erlebte ich Stunden des Glücks: Wache Momente mit Peter und guten Gesprächen, enorm viel Unterstützung und Aufmunterung, kleine Treffen und Feiern – ich war zwar niemals völlig glücklich in dieser Zeit, aber es gab sie, diese bewussten Augenblicke des Genusses und des kleinen Glücks. In dieser Phase kam dann auch Dankbarkeit auf. Dankbarkeit für meine wundervolle Familie, vor allem meine beiden Kinder und Schwiegerkinder, meine Mama mit Lebensgefährten und meinen Bruder mit Familie.

Für meine sehr treuen und lieben Freunde, die mich derartig unterstützt haben, dass mir vor Freude und Staunen manchmal die Luft wegblieb. Sie haben für uns gekocht, haben die Gassi-Runden mit unserem Hund übernommen, haben mich aufgefangen, ließen mich reden… lachen und weinen…. Sie ließen mich einfach „sein"!

Das war solch ein unglaubliches Geschenk, dass ich sehr sehr tiefe Dankbarkeit empfand. Voller Liebe und auch Zuversicht und einem Funken Hoffnung, dass ich auch „danach" aufgefangen werden würde (was auch geschah!).

Hoffnung auf ein „Leben danach", Hoffnung auf Normalität und Dankbarkeit dafür, dass ich all das fühlen durfte und konnte.

Ich weinte in dieser Zeit selten aus Schmerz, aber sehr oft vor lauter Rührung, denn es waren wirklich außergewöhnliche Menschen für mich und uns da!

Ich bedankte mich auf meine Weise. Mit lieben Textnachrichten, Karten und Worten; mit kleinen Geschenken und etwas Selbstgebackenem.

Ich bekam durch den Sterbeprozess einen besonderen „Draht" zum Universum und verband mich… Das Universum ist für mich pure Liebe und Dankbarkeit. Ich spürte, dass mich die Dankbarkeit über den tiefen Schmerz hinwegträgt. Dass sie mir aufzeigt, was noch an Gutem in meinem Leben ist. Dabei habe ich niemals das schmerzliche Trauern verdrängt, sondern habe mich bewusst allen aufkommenden Gefühlen hingegeben. Immer und immer wieder, damit ich diese Emotionen auch wirklich verarbeite.

Es ist mir gelungen und ich hatte auch danach noch viel Hilfe (bis heute), ich habe getrauert, alle Trauerphasen durchgemacht und mich dann aber wieder auf mein Leben im Hier&Jetzt besonnen.

Es würde Peter nichts nutzen, wenn ich mit ihm sterbe… Er wünschte sich sogar ausdrücklich, dass ich bitte wieder lachen und LEBEN solle!

Mit der großen Dankbarkeit, die ich empfand, konnte ich die Trauer überwinden. Natürlich ist er noch in meinen Gedanken – die Erinnerung vergeht nie und ich halte sie mir äußerst kostbar!

Aber nun, nach zweieinhalb Jahren, nun schaffe ich es GUT zu leben und mein Leben zu genießen.

Ich bin jeden Tag dankbar, wenn ich morgens aufwache. Ich bin dankbar, wenn ich keine Schmerzen oder MS-Symptome habe; ich bin dankbar für meine Kinder und Enkel, meine Familie und Freunde und meinen Seelenhund.

Ich bin dankbar, dass ich noch am Leben bin.

Ich habe Multiple Sklerose (und weitere Krankheiten) und das ist wahrlich kein Zuckerschlecken! Aber ich kann angenehm leben – meinen Umständen angepasst: im Rahmen meiner Möglichkeiten und auch dafür bin ich dankbar!

Ich habe ein (schönes) Dach über meinem Kopf, erlebe keinen Krieg in meinem Land und muss nicht Hunger leiden.

Manchmal hilft es auch tatsächlich, wenn man sie das Grausame der Welt vorstellt und sich bewusst macht, wie sehr gut es unsereins doch geht!

Ich spende deshalb auch im Rahmen meiner individuellen Möglichkeiten an beispielsweise Kriegsopfer, Hospize oder für Kinderkrebsstationen. Denn ich bin soooo dankbar, dass ich es kann!

Ich erkläre hier meine Situation deshalb, um meinen Weg aufzuzeigen und dass ich es über die Dankbarkeit gelernt habe, mein Leben sehr gut zu meistern – trotz all der fiesen „Schicksalsschläge", die über mich hereinbrachen.

Ja, es gibt sie, diese Schläge aller möglichen Arten – man kann sie nicht schönreden, aber man kann versuchen aus jeder Situation das Beste zu machen.

Es kann ein steiniger harter Weg werden. Ich habe sehr viel an mir gearbeitet (auch mit therapeutischer Hilfe). Ich wollte wieder leben, ich wollte stark sein und meinen Optimismus behalten beziehungsweise bewahren. Ich wünschte mir, dass er mich tragen solle und das ist geschehen.

Ich muss nicht erwähnen, dass ich dankbar dafür bin! ☺

Das Leben bietet den meisten von uns viele Stolpersteine, viele Hindernisse und auch Abgründe. Das sehen wir und nehmen es wahr. Es liegt aber in unserer Hand, wie wir damit umgehen. Wir können versumpfen und dabei elendlich „verrecken", oder wir können aufstehen. Aufstehen, immer wieder, das Krönchen richten und weitermachen. Wir können aus uns und aus der Situation das Möglichste herausholen und unseren Fokus auf das GUTE in unserem Leben richten: es funktioniert!

Und wenn wir erleben durften, dass es funktioniert, generiert sich in uns das Wissen, dass wir Vieles oder alles schaffen können. Die Hoffnung trägt uns mitten hinein in die Dankbarkeit und voller Dankgefühl können wir die Perspektive ändern.

Ich weiß nun, dass ich sehr gestärkt aus der sehr schweren Zeit hervorgegangen bin und dieses Wissen prägt mein Leben. Ich habe schon so viel geschafft, da wird der nächste Stolperstein auch noch beseitigt!

Wir dürfen üben und üben. Wir dürfen niemals aufgeben! Wir dürfen an uns glauben und daraus Kraft schöpfen!

Das wünsche ich jedem Einzelnen meiner LeserInnen!

Wenn Sie es WOLLEN, dann schaffen Sie es auch!

Begeben wir uns also gemeinsam auf die Reise zur Dankbarkeit und einem besseren, sichereren und heiterem Lebensgefühl voller Fülle!

Viel Freude mit dem Buch,

Heike Führ

Wenn wir Dankbarkeit empfinden, setzt unser Gehirn Dopamin und Serotonin frei. Diese beiden Hormone sorgen dafür, dass wir uns unbeschwerter und glücklicher fühlen.

Dankbarkeit ist positives Denken. Es gibt etwas Gutes an jedem Tag, auch wenn nicht jeder Tag gleich gut ist. Die Fähigkeit, dankbar zu sein und die positiven Dinge zu schätzen, mögen sie auch noch so klein sein, lässt uns glücklicher leben.

Wenn man Dankbarkeit lebt

Wenn man Dankbarkeit lebt, wirklich lebt und es ernsthaft verinnerlicht hat, immer das Beste aus einer Situation zu machen und den Fokus immer (!) auf das Positive zu richten, dann lebt mal tatsächlich glücklicher und entspannter.

Wenn ich den Blümchen am Wegesrand mehr Aufmerksamkeit schenke, als dem Staub; wenn ich Vogelgezwitscher wahrnehme als Wunder und Kunst der Natur, wenn ich jedes Lächeln, das mir geschenkt wird, liebevoll zurückgebe; wenn …. Dann…

Dann bin ich auf einem guten Weg. Dem Weg, der gerne auch mal das Ziel ist. Auf dem Weg, der mich spüren lässt, dass es Glücksmomente gibt – auch beispielsweise mitten in der Trauer!

Dann … dann werden wir gelassener, ruhiger und haben mehr Vertrauen auf das, was kommt.

Dankbarkeit zu leben bedeutet nicht, dass man wegschaut und sich das Leben schönredet. Nein, Dankbarkeit zu leben heißt, genau hinzuschauen, das Traurige und Unvermeidliche wahrzunehmen… es anzuschauen, auch gerne mal genauer. Es ist normal, dass wir Licht und Schatten in unserem Leben haben und wenn wir lernen, die Schatten anzunehmen, dann fällt es uns leichter, die Perspektive zu wechseln.

Natürlich nerven mich so oft meine MS-Symptome und diesen Beeinträchtigungen bin ich auch nicht dankbar! Warum auch?

Aber ich habe die Wahl: mich von den Beeinträchtigungen bestimmen zu lassen, oder sie in mein Leben zu integrieren!

In einem Interview sagte ich einmal, dass ich zwar mittlerweile keine Wand mehr streichen kann (weil das meine Kräfte nicht mehr zulassen), aber ich kann ein Bild für diese Wand malen und trage somit dazu bei, dass die Wand schöner wird.

So hat jeder seine Stärken und diese gilt es gnadenlos herauszufinden!!!

Was können Sie gut? Was besonders gut? Richten Sie den Fokus auf all das, was Sie können und schreiben Sie es sich auf. Aufschreiben hilft beim Verarbeiten und macht es intensiver, nachhaltiger.

Besinnen Sie sich mehrmals täglich auf Ihre Stärken und versuchen Sie, diese in ihr Leben sinnvoll und nutzbringend zu integrieren.

Einem Blinden ein Buch in die Hand drücken zu wollen wäre nicht nur sinnlos, sondern auch erniedrigend. Es geht darum, etwas für sich zu finden. Etwas, das uns beflügelt, das uns, unserer Art, entspricht.

Etwas, das Ihnen Spaß macht oder Freude bringt.

Keiner kann alles können! Diesen Anspruch dürfen wir niemals haben. Einem Gelähmten ein Paar Joggingschuhe zu schenken, wäre ebenso wenig motivierend.

Zum Leben in Dankbarkeit gehört auch MUT!

Mut, seine Komfortzone zu verlassen, Mut an sich zu arbeiten (und zwar manchmal sehr hart) und Mut immer wieder aufzustehen. Mut, Rückschläge mit Würde zu tragen und daraus zu lernen und wieder neue Kräfte freisetzen zu können.

Irgendwann bedarf es keines besonderen Mutes mehr, denn wir haben dann dieses Leben verinnerlicht, wir leben es!

Wir denken gar nicht mehr besonders nach, sondern die Dankbarkeit ist Teil unseres Lebens geworden.

Ich finde es traurig und auch so richtig doof, dass ich MS habe. Aber ich bin dankbar, dass es nicht noch schlimmer ist; dass ich noch eine zwar sehr eingeschränkte, aber doch auch gute Lebensqualität habe, von der andere Chroniker nur träumen können.

Und ja: heute bin ich glücklich! Ich liebe mein Leben – auch mit MS!

Ich liebe mein Leben, weil es so erfüllend ist und weil ich so unglaublich viel noch machen kann.

Ich liebe mein Leben, weil wundervolle Menschen darin sind.

Ich liebe mein Bloggen und Schreiben. Und ich bin überaus dankbar dafür!!!

Die MS ist da, den Tod meines Mannes musste ich ebenfalls ertragen... Aber nun lebe ich wieder, bin aufgestanden, habe mich aufgerappelt und stürze mich im Rahmen meiner Möglichkeiten wieder ins lebendige Leben.

Es nutzt nichts zu hadern. Hadern hat auch immer etwas mit „straucheln" zu tun und ich möchte nicht mehr straucheln.

Natürlich hat nicht jeder so viel Positives in seinem Leben, wie es vielleicht mir vergönnt ist. Ich werde von Familie und Freunden getragen.

Aber auch das habe ich mir erarbeitet. Es ist ein Geben und Nehmen. Immer! Man muss „dran" bleiben. Dazu gehört Kommunikation, Gelassenheit und ernstgemeinte Vergebung.

Ich kann meine Schicksalsschläge nicht verhindern. Vielleicht kamen sie, um mich etwas zu lehren, um mich weiterzubringen. Das ist Philosophie. Fakt ist, dass ich sie ertragen musste. Und doch bin ich heute glücklich! Glücklich, weil ich so dankbar bin!

Für das, was mir blieb, für viele spannende Erfahrungen, für liebevolle Begegnungen und auch für die weniger schönen Begegnungen, denn aus ihnen durfte ich lernen und konnte mich neu sortieren. So entsteht irgendwann ein Gesamtbild – ein Bild, wer ICH bin; was ich möchte, was ich NICHT möchte. Was mir wichtig und wertvoll ist oder was auch nicht!

In den letzten fünf Jahren habe ich mich dermaßen weiterentwickelt, dass ich manchmal selbst staune.

Dankbarkeit zu leben bedeutet nicht, dass man das Schlimme verschönt oder aussortiert. Es bedeutet, trotz des Schlimmen auch das Schöne zu sehen.

Wenn man all das verinnerlicht und wirklich leben möchte, dann ist man auf dieser wundervollen Reise zu Glück, Hoffnung und Dankbarkeit!

Was ist Dankbarkeit?

Dankbarkeit ist ein positives Gefühl oder eine Haltung in Anerkennung einer materiellen oder immateriellen Zuwendung, die man erhalten hat oder erhalten wird. Man kann dem Göttlichen, den Menschen oder sogar dem Sein gegenüber dankbar sein, oder allen zugleich. (Wikipedia.de).

Es gibt zwei Arten von Dankbarkeit.

- Auf sozialer Ebene erfolgt dankbares Verhalten zwischen Personen. Wenn Ihnen jemand ein Geschenk überreicht, bedanken Sie sich für die Gabe. Diese Form der Dankbarkeit drückt Freude und Anerkennung aus.

- Auf existenzieller Ebene: sie beruht auf unserem dankbaren ICH. Das Leben wird nicht als Besitz angesehen, über das der Mensch jederzeit verfügen kann, sondern als Gabe der Schöpfung. In der Religion ist Dankbarkeit immer die Grundlage für ein Gebet. Wenn Sie ein dankbarer Mensch sind, kommt es Ihnen nicht auf Belohnung an, sondern auf Wertschätzung und Aufmerksamkeit. Sie sind in der Lage, auch in belastenden Lebenssituationen Dankenswertes zu erkennen.

Ist Dankbarkeit nur Dankbarkeit?
Der Zusammenhang mit dem Wohlbefinden

Die theoretische Definition und das praktische und emotionale Empfinden der Dankbarkeit sind noch einmal unterschiedlich. Ich kann Dankbarkeit empfinden, annehmen und verinnerlichen, sowie auch verschenken und austeilen. Wenn ich dabei in mich spüre, merke ich, dass es mir jeweils guttut, sich meine Seele öffnet und somit empfänglich macht. Sowohl das Empfangen, als auch das Geben tun der Seele gut. Dankbarkeit ist also etwas, das uns GUT tut.

Wissenschaftliche Studien haben gezeigt, dass Menschen, die dankbarer sind, sich subjektiv besser fühlen. Dankbare Menschen sind glücklicher, weniger depressiv, leiden weniger unter Stress und sind zufriedener mit ihrem Leben und ihren sozialen Beziehungen. Das ist doch schon einmal ein wichtiger Grund, um Dankbarkeit zu praktizieren, oder? ☺

Dankbare Menschen haben auch ihre Umgebung, ihr persönliches Wachstum, ihren Lebenssinn und ihr Selbstwertgefühl besser unter Kontrolle und haben mehr positive Möglichkeiten mit den Schwierigkeiten in ihrem Leben umzugehen. Sie bitten andere Menschen statistisch gesehen eher um Unterstützung und wachsen anhand dieser Erfahrung.

Dankbare Menschen haben auch weniger negative Bewältigungsstrategien und versuchen eher ein Problem zu vermeiden. Das heißt auch, dass sie Schuld weniger bei sich selbst suchen – das bedeutet, dass sie mehr Selbststand haben. Sogar der Schlaf profitiert von Dankbarkeit: Dankbare Menschen schlafen besser - vermutlich, weil sie weniger negative, sondern mehr positive Gedanken vor dem Einschlafen haben.

Wenn man dies liest, liegt der Gedanke nahe, dass Dankbarkeit offenbar eine der stärksten Beziehungen zur psychischen Gesundheit von allen Charakterzügen hat. Zahlreiche Studien legen dar, dass dankbare Menschen meist glücklicher und weniger gestresst oder deprimiert sind. **Also ist Dankbarkeit ein Schlüssel auf dem Weg zum Glück und auf den Weg in ein erfülltes sinnhaftes Leben.**

Das Wohlbefinden eines Menschen hängt von sehr vielen Gesichtspunkten und Bedingungen ab. Viele Gefühle und Persönlichkeitsmerkmale sind wesentlich für das individuelle Wohlbefinden, aber es scheint, dass Dankbarkeit ganz besonders wichtig ist. Dies liegt unter vielen anderen Gründen auch daran, dass dankbarere Menschen mit dem Wechsel in neue Lebensabschnitte besser zurechtkommen – sie sind weniger gestresst, weniger niedergeschlagen und insgesamt zufriedener mit ihren Entscheidungen und sogar Beziehungen. Außerdem weisen Studien immer wieder darauf hin, dass Dankbarkeit tatsächlich eine einzigartige Beziehung zum Wohlbefinden haben kann.

Des Weiteren hat sich gezeigt, dass Dankbarkeit mit großzügiger Spendenbereitschaft korreliert. (Wikipedia.de: Das heißt, dass dankbare Menschen mit größerer Wahrscheinlichkeit persönliche Vorteile dem gemeinsamen Vorteil zuliebe zurückstellen (DeSteno & Bartlett, 2010). Eine von McCullough, Emmons, & Tsang, (2002) durchgeführte Studie fand ähnliche Korrelationen zwischen Dankbarkeit und Empathie, Großzügigkeit und Hilfsbereitschaft.)

Da also offenbar Dankbarkeit einen starken Einfluss auf das Wohlbefinden hat, wurden einige psychologische Interventionsmethoden entwickelt, um Dankbarkeit zu stärken. Darauf werde ich noch gesondert eingehen.

Da der Empfang von Dankbarkeit auch das Verhalten verändern kann, kann Dankbarkeit im Allgemeinen auch dazu führen, dass sich positives soziales Verhalten im Wohltäter verstärkt.

Dankbarkeit ist demnach viel mehr als nur ein Wort oder gar eine Phrase, sondern ein Geflecht von Geben und Nehmen und vor allem betrifft es unser WOHLBEFINDEN.

Sicher ist, dass Dankbarkeit Emotionen auslöst und wenn wir Gefühle haben, dann spüren wir und wenn wir spüren, dann LEBEN wir. Deshalb empfinde ich Dankbarkeit auch als das schöne Gefühl, am Leben zu sein. Für das Spüren können wir fürwahr dankbar sein. Natürlich gibt es Einschränkungen – Menschen mit Multipler Sklerose haben vielleicht eine taube Hand und können die Blume nicht organisch spüren, wenn sie sie anfassen – aber es geht hier hauptsächlich um das emotionale Spüren. Wenn wir von einer gesunden Psyche ausgehen (schwer Depressive oder anders geistig Beeinträchtigte ausgenommen), dann können wir Vieles in Dankbarkeit erLEBEN. Dankbarkeit verleiht uns somit das wundervolle Glück, uns einfach nur „lebend" zu spüren. Das heißt, wir müssen lernen, achtsamer für das zu sein, was uns begegnet und was wir geschenkt bekommen. Dazu gehört auch, dass wir unser kindliches Staunen und Erleben wieder hervorholen. Durch eine Pfütze zu springen, den Wind rauschen zu hören, einen Blätterhaufen zu durchstapfen, das Blau des Himmels zu bewundern – all das kann Glücksgefühle hervorrufen und uns Dankbarkeit zeigen. Wir haben verlernt dankbar zu sein, wir nehmen Vieles einfach so hin, worüber ein Kind noch staunen würde. Damit verbauen wir uns oft den Blick auf das schöne und Wunderbare, auf den Zauber der Welt.

Dankbarkeit ist natürlich auch „Danken". Viele Menschen sprechen ein Dankgebet, obwohl sie vielleicht ein schweres Schicksal getroffen hat. Aber sie führen sich vor Augen, was sie trotz aller Schicksalsschläge noch an Gutem HABEN.

Dankbarkeit für alles, was einem widerfährt zu entwickeln, ist wohl eine Form der Lebenskunst. Natürlich ist es einfacher, für das dankbar zu sein, das uns die guten und schönen Begebenheiten aufzeigt. Schwieriger ist es, mit traurigen oder schlimmen Ereignissen konfrontiert zu werden. Eine Vorstufe der Dankbarkeit könnte hier die „Akzeptanz" der neuen Situation angesehen werden.

Wissenschaftler haben herausgefunden, dass Personen, die dankbarer sind, sich tatsächlich besser fühlen. Denn dankbare Menschen sind einfach zufriedener, gelassener und glücklicher und somit weniger depressiv oder unstet! Sie sind dann auch nicht so stressanfällig und machen einfach aus allem das Beste! Dadurch wird man nicht nur selbst glücklicher, sondern auch zufriedener mit dem eigenen Leben und vor allem – wie schon erwähnt - auch in den sozialen Beziehungen.

Da dankbare Menschen die Gabe haben, wirklich aus allem das Beste herauszuholen, haben sie mehr positive Möglichkeiten mit den Schwierigkeiten in ihrem Leben resilient und effektiv umzugehen!

Ebenso bitten solch zufriedene Menschen, die ja durch den Prozess des Dankbarkeitswandels auch zu innerem Frieden (Selbstwert) gelangen, auch eher andere Menschen um Hilfe und Unterstützung und wachsen und reifen anhand dieser Erfahrung. Das gibt eine enorme Fülle im Leben, die man als zufriedener glücklicher und gelassenerer Mensch auch GUT annehmen kann!

> ➢ **Dankbarkeit ist demnach mehr, als nur jemandem „Danke" zu sagen.**

> ➢ Dankbarkeit ist das **Gewahrsein der Einzigartigkeit** eines jeden gegebenen Moments

Mit der Wahrnehmung, dass jeder Augenblick einzigartig ist und nicht noch einmal so passieren wird, lernen wir, dass jeder Moment ein Geschenk ist. Und je älter wir werden, desto bewusster werden wir uns darüber, dass jede Sekunde beispiellos ist. Und genau diese Wahrnehmung stärkt und beeinflusst unsere Freude am Leben! Wir wissen dann auch, dass Glück und Freude nicht davon abhängen, was gerade JETZT passiert. Was wir uns sehnlichst wünschen, ist **andauernde** Freude. Und die erlangen wir nur durch und mit gelebter Dankbarkeit!

Lernen kann man das natürlich und das wollen wir ja auch! Aber dafür müssen wir zuerst lernen, wirklich innezuhalten. Nicht von einem Event zum nächsten zu hetzen, nicht von Augenblick zu Augenblick hasten – sondern innehalten! Das heißt, wir können beispielsweise nach den Gelegenheiten schauen, die uns in diesem Augenblick angeboten werden. Und dann erst können wir handeln. Handeln bedeutet, dass wir nun - im Innehalten - etwas mit dieser Gelegenheit tun können. Wenn wir lernen, immer wieder innezuhalten, dann wird dieses einfache Erinnerungs-Innehalten-Zeichen zu einer wahren spirituellen Praxis, die einfach im Alltag anzuwenden und umzusetzen ist.

*Lasst uns dankbar sein
gegenüber Menschen,
die uns glücklich machen.
Sie sind die
liebenswerten Gärtner,
die unsere Seele
zum Blühen bringen.
-Marcel Proust-*

Dankbarkeit = Zufriedenheit = Glück

Wenn wir davon ausgehen, dass „Dankbarkeit" POSITIVES DENKEN ist, dann ist es wichtig, uns auch damit zu beschäftigen.

Hierzu habe ich auf meinem Blog eine Sparte eingerichtet, da ich überzeugt davon bin, dass die Gedanken, die wir uns machen, uns in eine Richtung führen. Deshalb sind positive Gedanken so wohltuend und helfen uns nach vorne zu schauen: zuversichtlich, lebensbejahend, aufbauend und positiv!
Ein Auszug daraus:

Positiv denken – Mindset „Montivation"

Ich bin fest davon überzeugt – und mein individueller Weg zeigt es auch – dass wir mit zuversichtlichen positiven Gedanken unser Leben bejahend beeinflussen können.

Ich behaupte nicht, dass wir eine chronische Erkrankung dadurch heilen oder Schicksalsschlägen entkommen können, aber wir können unsere Einstellung zu unserer Erkrankung und zu unserem individuellen Leben an sich verändern und gestärkt unseren Weg gehen.

Ich beschäftige mich seit Längerem mit diesem Thema und habe mich dadurch auch verändert und da ich Euch ja immer authentisch berichte, möchte ich Euch auch an diesem Weg teilhaben lassen. Vielleicht hilft es Euch ja ebenso.

Ich bin ja psychologisch geprägte Pädagogin und habe auch Kurse zu diesem Thema belegt und arbeite mit einer psychologischen Heilpraktikerin auch gerade sehr an mir.

„Was Du denkst, stahlst Du aus und was Du ausstrahlst, ziehst Du an."

Niederlagen und Aufstehen

Vielleicht habt Ihr Euch auch schon immer mal gefragt, warum manche Menschen mit Niederlagen besser umgehen können und dabei immer noch ein Lächeln auf den Lippen haben.

Und dabei ist es recht einfach, denn diese erfolgreichen Menschen sehen nämlich in Niederlagen und Fehlern keinen Misserfolg, sondern sehen sie als Chance ihre Fähigkeiten weiterzuentwickeln.

Dazu gehört, dass man die Niederlagen erkennt, annimmt und analysiert. Damit ist man schon auf einem positiven Weg, denn wir SEHEN es, versuchen es mit Wertfreiheit zu betrachten und können dann handeln.

> ➤ **Erfolgreiche Menschen sind überzeugt, dass sie nahezu alles erreichen können! Und zwar dann, wenn sie sich Herausforderungen und neuen Aufgaben stellen oder dies gar trainieren.**

Sie verfügen über das sogenannte „Growth Mindset" – zu Deutsch etwa „wachstumsorientiertes Denken" oder auch „dynamisches Denken".

Sobald wir im Handeln sind, sobald wir wachsen möchten, bedeutet „Positives Denken" vor allem eins: Weiterkommen!

- ➢ **Und ja, Ihr kennt meine Devise: man hat immer die Wahl!**
  Die Wahl, sich mit seiner chronischen Erkrankung dem Schicksal zu ergeben, oder man wählt Offenheit und den Blick nach vorne zu richten.
- ➢ Man wählt vor allem, positiv zu denken und dementsprechend zu handeln. Denn in diesem Moment setzt man sich AKTIV mit seiner Krankheit und/oder seinem Leben/Schicksal auseinander.
  Das ist ein wichtiger Schritt.

Positiv gestimmte Menschen beginnen ihren Tag nicht griesgrämig oder völlig unzufrieden, sondern fröhlich, voller Zuversicht, und Freude. Auch das kann man lernen! ☺

Was ist nun das positive Mindset?

Ein positives Mindset bedeutet, dass man generell eine optimistische Grundhaltung hat und Herausforderungen nicht gleich als PROBLEM ansieht, sondern sie annimmt und im besten Fall niemals aufgibt.

Das bedeutet, dass man den Mut und die Zuversicht besitzt, immer einen Weg zum Ziel zu finden. Wenn man geübt darin ist, schafft man es auch, etwas anzupacken, beziehungsweise man erlangt im Laufe der Zeit die **Überzeugung** es zu schaffen. Wenn man es dann schafft, dass es irgendwann kein Üben mehr ist, sondern wir es unmerklich und selbstverständlich in unseren Alltag integrieren, merken wir tatsächlich, dass wir negative Gedanken einfach „überschreiben"!

> Ein **Mindset** ist nach dieser Definition auch eine **Ansammlung von Glaubenssätzen.**

> **Glaubenssätze wiederum sind tief in unserer Psyche verankerte Grundannahmen und Überzeugungen über sich selbst, andere Menschen und seine Interaktionen mit der Umwelt.**

Leider denken viele Menschen irrtümlich, dass unsere Glaubenssätze nicht wandelbar seien. Es ist aber das Gegenteil der Fall, denn durch die einzigartige Struktur unseres Verstandes können wir selbst gut und aktiv daran arbeiten, negative Mechanismen abzubauen und unser Mindset positiv zu verändern.

Glaubenssätze entspringen meist der Kindheit oder aus eingefahrenen Mustern. Wie oft mussten wir vielleicht hören, dass wir nicht gut, nicht schön, nicht fleißig genug seien?!? Und wie tief ist das in uns vergraben?! Diese innere Stimme, die auch der „Innere Kritiker" genannt wird, kann so mächtig sein, dass wir uns Manches gar nicht mehr zutrauen und damit unser Leben beschränken – was traurig ist!

> Wir dürfen nun lernen, diese Stimme zu analysieren - wo kommt sie her, warum ist sie da und was macht das mit uns???

Dieses Untersuchen des inneren Kritikers ist wichtig um zu verstehen, warum man so kritisch mit sich selbst ist – denn nur dann kann man aktiv daran arbeiten, sein individuelles Mindset positiv zu verändern.

Ich übe es seit einigen Monaten und probiere es immer wieder neu aus und tatsächlich: es funktioniert!!!

> **Wir dürfen lernen, diese alten Glaubenssätze durch NEUE zu ersetzen.**

Affirmationen

> **Affirmationen sind positive Selbstaussagen.**

Bevor man eine Aussage macht, ist es hilfreich, sich eine Liste zu erstellen mit Glaubenssätzen, die negativ sind und uns nicht weiterbringen und genauso mit Attributen, die wir selbst verkörpern möchten; als Eigenschaften, wie wir sein möchten, was uns wichtig ist und worauf wir hinarbeiten möchten.

Diese Überlegungen kann man sich immer wieder durchlesen und dann natürlich durch NEUE Affirmationen und Glaubenssätze ersetzen und/oder erweitern.

Beispiel:
„Du bist immer so ungeschickt!" -- „Ich bin wie ich bin und ich bin gut so!"
Es geht immer darum, die alten Glaubenssätze aufzuspüren und umzuwandeln.

Zum Beispiel:
Ein alter Glaubenssatz: „Du musst Dich nur genug anstrengen, dann wird das auch was!", kann man durch einen neuen ersetzen: „Ich gebe mein Bestes, ich bin gut so wie ich bin!"

Das heißt eigentlich einfach, dass man sich bewusst macht, was man eventuell eingetrichtert bekam, was man davon behalten und vor allem verinnerlicht hat und was davon wiederum überholt ist.

Wir sind nicht mehr das „kleine Kind" – wir sind gereift und sind nun erwachsene Menschen, die gerne ein Ziel vor Augen haben dürfen: wer wir sein möchten und wie wir sein möchten. Und darauf dürfen wir hinarbeiten. Wir dürfen unser Leben JETZT (jetzt sofort) verändern und anfangen, bewusster zu leben.

Deshalb starten wir einfach mal, in dem wir uns am Anfang eines Tages sagen: „Heute ist ein schöner Tag, mir werden positive Dinge widerfahren."

Erscheint Euch das fremd?
Kein Wunder, denn jahrelang haben wir eventuell in der Blase gelebt – gerade mit einer chronischen und sich verschlechternden Erkrankung – dass der Tag sicherlich wieder beschwerlich wird.

STOPP!!!!

Ich finde meinen neuen Glaubenssatz: „**Ich bin es WERT, auf mich zu achten. Ich bin es WERT, mein Leben neu zu gestalten. Ich BIN WERTVOLL!**"

Wenn man das täglich mehrmals sagt, wenn man sich beobachtet, was man alles kann, was man alles leistet und realisiert, wie stark man ist – wie sehr man schon das „Überleben" geschafft hat, dann kann man auch erkennen, wie wertvoll man ist.

- **Ich bin gut so wie ich bin!**
- **Ich bin liebenswert!**
- **Ich habe viele positiven Eigenschaften!**
- **Ich werde alles schaffen!**
- **Ich schaffe das!**
- **Ich werde gesund sein!**
- **Ich bin gesund!**

Natürlich wird man nicht plötzlich eine Wunderheilung erfahren, aber wenn man sich immer wieder sagt und das auch wirklich ernst meint, dass man gesund wird, gesund IST, dann wird das zur Heilung beitragen. (Zur Hilfe: Natürlich ist man mit einer chronischen Erkrankung nicht „gesund", aber ich habe bei meinen Affirmationen/Glaubenssätzen tatsächlich festgestellt, dass sie meine HALTUNG gegenüber der Erkrankung verändert haben (nachhaltig) und ich mich zumindest nicht mehr als „elendlich krank" empfinde).

Vielleicht hilft es auf ganz unterschiedliche Weise. Vielleicht, weil man sich tatsächlich im Laufe der Zeit als stärker, kraftvoller und selbstbewusster erkennt und wahrnimmt; vielleicht auch, weil man alternative Heilmethoden ausprobiert: weil man es SICH SELBST WERT ist!

➤ So habe ich ja vor sechs Jahren die wundervolle Entdeckung des **CBD-Öls** machen dürfen und habe nun eine völlig neue Lebensqualität. Es ist nicht billig, aber ich GÖNNE es mir, weil ich es mir WERT bin und weil ich spüre, welch außergewöhnliche Kraft es für mich besitzt. **Mein Leben wurde definitiv tausend Mal besser durch CBD und ich bin froh, dass ich es ausprobiert habe.**

- **Affirmationen und Glaubenssätze haben sehr viel Kraft!**

Deshalb: Übernehmt **Verantwortung für Euch selbst, indem Ihr bewusste Entscheidungen trefft!**

Denn die Grundlage für ein **positives Mindset** bildet das **Bewusstsein**, dass wir selbst über unseren Erfolg oder Misserfolg entscheiden. Und auch, wenn man oft äußere Umstände und Tiefschläge einfach annehmen muss, da sie sich schwer kontrollieren lassen, können wir entscheiden, wie wir reagieren. Wir haben die WAHL! Wir alleine tragen die Verantwortung für unser Denken, Handeln und Tun.

➤ Und wenn wir uns dann noch dem „Warum" widmen, haben wir einen starken Motivator. Warum möchten wir wachsen, warum ist es wichtig, uns zu verändern?!

➤ **Unsere innerste Überzeugung (und vor allem die ihr zugrundeliegende Vision) sind der Schlüssel zu unserer persönlichen Erfolgsstory – und jene kann uns zu Höchstleistungen anspornen.**

Visualisieren

Deshalb ist es auch so wichtig diesen Gedanken, diesen Wunsch nach Veränderung und Wachstum zu visualisieren. Das bedeutet erst einmal nur, dass wir unseren Wunsch, unser Ziel **vor unserem inneren Auge haben**. Denn das Gefühl von Erfolg ist unmittelbar mit dem Erreichen unserer persönlichen Ziele verbunden.

Hilfreich ist hierzu ein sogenannte **„Visionboard"**.

Ein Beispiel für ein Visionboard,
das man aber individueller gestalten kann

➔ Ich habe mir eine Malpappe bunt angemalt und Zeitschriften durchforstet und mir Slogans ausgeschnitten. Zum Beispiel: „Das Leben ist schön". Oder auch Wünsche, wie „Gesundheit". Ich habe das Visionboard mit Glitzersteinen und Herzen verziert, habe dazu gemalt und meiner Kreativität freien Lauf gelassen. Es ist ein buntes Bild mit meinen WÜNSCHEN, Ideen, Zielen und Gedanken entstanden.

Dieses Visionboard sollte man an eine Stelle stellen/aufhängen, an der man es täglich mehrfach täglich sieht, sodass unser Gehirn diese Wünsche aufnimmt und sich an die auch transformiert.

Sich also seine Wünsche, Ideale, Ziele und Träume (seien sie noch so „abwegig") zu visualisieren, sie immer wieder im Geiste zu träumen, hilft uns enorm, sie anzunehmen und sie in unser Leben einzulassen. Es klappt – ich habe es ausprobiert! ☺

In Bewegung mit unserem Mindset

Es ist wichtig, dass wir mit unserem Mindset in Bewegung bleiben, dass wir MÖCHTEN, dass sich etwas verändert – diese Veränderung ist von der Bereitschaft zu lernen, zu üben und zu trainieren abhängig und nur so kommen wir unserem Ziel und dem Erfolg näher.

Da dies natürlich nicht sofort funktioniert, gehört es ebenfalls dazu, sich Zeit und Raum zu geben, denn für Viele ist es erst einmal ein fremder Weg, der vielleicht auch Angst macht...

Deshalb: stetig lernen und üben... Dabei kleine Erfolge wahrnehmen und sich diese als Motivation nehmen.

> ➤ **Dabei hilft es auch, sich am Abend aufzuschreiben, was es an dem heutigen Tag an POSITIVEM gab und man wird staunen, wie viele schöne Erlebnisse wir hatten, was wir heute geschafft haben – trotz Widrigkeiten.**

> ➤ **Ziel ist es, mit den Aufgaben zu wachsen! Ziel ist der Weg an sich!**

Das kann man einfach üben, indem man versucht, seinen eigenen (individuellen) Handlungsspielraum zu vergrößern und sich somit bewusst Aufgaben zuzuwenden, die uns fordern! Altbekanntes ist nicht so spannend, aber sich an etwas Neues zu wagen (und sei es „nur", mal wieder ein Puzzle zu machen), kann völlig neue Dimensionen eröffnen. Das können Kleinigkeiten sein, denn eins ist sicher: Gut gemeisterte Herausforderungen werden unser Mindset beflügeln und uns deutlich mehr Zuversicht, Motivation und Kraft für fordernde Situationen in der Zukunft schenken.

Übrigens darf man sich hierbei gerne auch Vorbilder suchen, die dies schon geschafft haben und deren Weg begleiten. Das hilft, da man weiß, dass es Derjenige auch geschafft hat – also werden wir es auch schaffen. (Allerdings bitte keine Vergleiche stellen, sondern den eigenen Weg im eigenen Rhythmus gehen!!!).

> **Man darf große GEDULD mit sich selbst haben! Auch das gehört zu einem positiven Mindset!**

Natürlich dürfen wir von uns keine Perfektion erwarten. Neue Wege sind holprig, manchmal auch schwer und/oder unüberschaubar! Wir dürfen straucheln und zurückgeworfen werden – aber dann stehen wir bitte wieder auf und versuchen es erneut. Wenn man die Perspektive wechselt, kann man beispielsweise auch die Liste, was man alles erreichen WILL, jeden Abend in eine Liste umwandeln, was man alles geschafft hat! ☺

Zusammenfassend kann man hier sagen, dass positiv denkende Menschen in der Regel nicht von „Hindernissen, Problemen oder Schwierigkeiten" sprechen, sondern eher von Träumen, Hoffnungen und Wünschen und vor allem von VISIONEN - von ihren Zielen und dem Weg dorthin! Sie sprechen von den für sie wirklich wichtigen Dingen – diese Unterscheidung ist zu Beginn auch wichtig: „Was ist mir wichtiger?".

Für positiv gestimmte Menschen gibt es nicht nur schwarz-weiß oder nur den einen Weg, sondern sie sehen eine bunte vielfältige Farbenpracht vor sich, aus der sie schöpfen können.

> **Für das Leben mit einem positiven Mindset muss man bereit sein, seine Denkmuster zu verändern. Dazu gehören Selbstmitleid, ein ständiges Hadern mit seinem Schicksal und das Verlassen des Gedankenkarussells über Ereignisse, die sowieso NICHT MEHR veränderbar sind!**

Positiv denken

Positiv zu denken, bedeutet auch, sich auf seine STÄRKEN zu fokussieren und die hat jeder Mensch! Ob mit körperlichen Beeinträchtigungen oder ohne!!!

Positive Menschen wissen, dass sie alles lernen **können**. Das festigt das Selbstvertrauen, was eine Basis für Fortschritt ist und an dem man gerne auch zuerst arbeiten und es aufbauen darf. Man muss im Fluss und in der Bewegung bleiben, um etwas erreichen zu können. Visionen und positives vorausschauendes Denken helfen, den nächsten Tag positiv gestimmter starten zu können.

Toll ist und das werdet Ihr auf Eurer „Reise" erleben, dass positive Menschen auch positive Menschen anziehen. Es ist fast erstaunlich, wie gut das funktioniert – ich durfte es selbst im Laufe der letzten Monate erleben. Es ist schön, wenn man sich mit positiv gestimmten Menschen umgeben kann, denn dann kann man von diesem Umfeld profitieren. Eine echte Win-Win-Situation!

> **Man lernt dann auch, nicht mehr alles so tierisch ernst zu nehmen, positiver auf Menschen zuzugehen und mit viel mehr Gelassenheit durchs Leben zu gehen.**

> Denn es ist auch ein Prozess von Loslassen und Vertrauen - Vertrauen ans Universum (oder woran auch immer jeder glaubt) und Loslassen von alten Glaubenssätzen, Angewohnheiten und Mustern.

Wenn man dann noch lernt, achtsamer zu sein und zu leben, sowie viel mehr im Hier&Jetzt zu SEIN, dann geht es um eine ganzheitliche Achtsamkeit, die das positive Mindset stärkt. Dabei geht es um eine aktive **Besinnung auf den Moment,** auf den Körper, unsere Gefühle und unsere Umgebung.

Dieses SEIN im MOMENT wirkt auch viel ruhiger im Umgang mit Konflikten und insgesamt weniger negativ. Damit erreicht man einen inneren Frieden, der durch Meditation natürlich noch gestärkt werden kann. Wer lernt, mehr im jetzigen MOMENT zu SEIN und wahrzunehmen, was gerade IST, der wird gelassener und kann auch seine Bedürfnisse eher erkennen – und somit auch seine Wünsche und Ziele und kann mit diesen Visionen das positive Mindset bestärken und unterstützen.

Ich liege zum Beispiel unheimlich gerne auf meiner Terrasse und lausche – in mich (ins Innen) und auf das Außen. Auf das Vogelgezwitscher, die mich streichelnde Sonne, den zarten Wind, das Rauschen der Blätter und und und. Das tut so gut, da ich dann ganz im MOMENT bin, ganz bei mir. Wenn daraus dann eine Dankbarkeit entstehen kann, ist man schon auf dem Weg zur Gelassenheit und Erfüllung und ist automatisch positiver gestimmt!

Umgebt Euch mit positiven Menschen

Es ist auf unserer Reise zum und MIT dem positiven Mindset wichtig, dass wir uns von negativen Menschen, die gerne jammern, nörgeln, kritisieren und an allem zweifeln, distanzieren.

Sie sind definitiv nicht hilfreich auf unserem neuen Weg. Denn der Umgang mit negativ eingestellten oder gar manipulativen Menschen beeinträchtigt unsere Fähigkeit, dauerhafte gute positive Bindungen aufzubauen. Leider triggern sie nämlich unsere Stresspunkte an und machen es uns damit umso schwerer, unsere eigenen negativen Tendenzen abzulegen und in ein positives Mindset zu verwandeln.

> ➢ Das heißt also, dass auf diesem unseren neuen Weg es auch dazugehört, uns bewusst zu machen, wer uns runterzieht, oder auch nervt und uns mit negativen Energien belastet.

Dies herauszufinden kann schmerzhaft sein, gehört aber zu dem Prozess des positiven Denkens einfach dazu und ist vor allem sehr NOTWENDIG!
Liebevolles Abgrenzen oder auch klare Trennungen können hier unvermeidlich und doch so wichtig sein! Umgekehrt ist es, (wie schon

beschrieben) so, dass man, je mehr man sich auf gute Beziehungen fokussiert, auch umso besser die eigene Stimmung positiv verändert wird.
Wie wundervoll!

> ➢ **Das heißt also: wenn wir unsere Ausrichtung auf positive, unterstützende und liebevolle Menschen richten, die es auch grundsätzlich gut mit uns meinen, dann wird es uns auch zunehmend leichter fallen, uns ebenfalls als ein freundliches empathisches Gegenüber zu offenbaren!** ☺

Übrigens gilt das auch für Filme oder Bücher, die uns erschrecken oder Angst machen. Jene sollte man dann ebenfalls meiden, da sich Angst und Schrecken wieder an „Altes" in unserer Psyche festsetzen können und uns somit auf dem Weg zum positiven Mindset nicht guttun! Ich lasse tatsächlich Filme, die mich – in welcher Form auch immer – aufregen, in den letzten Monaten weg und wähle andere Programme oder Filme aus. Das nimmt irgendwie den Schrecken (ebenso mit Nachrichten und den Grausamkeiten) und macht mich nicht noch zusätzlich ängstlich und verletzlich – und verankert sich nicht als Schmerz!

Um also Negatives auszublenden und im positiven Gedankengut zu verweilen und um unser positives Denken zu unterstützen, ist es wichtig, sich **Ziele setzen und diese auch konsequent zu verfolgen!** (In Ruhe, in unserem Tempo!!!).

> ➢ Denn wenn wir regelmäßig Erfolge und gute Leistungen verbuchen können, schüttet unser Gehirn das „Belohnungshormon Dopamin" aus und hilft uns somit sogar dauerhaft in eine positive Schwingung zu kommen und in diesem Fluss zu bleiben.

Das stärkt unser Selbstbewusstsein und Selbstvertrauen und ist der beste Motivator um weitermachen zu wollen! ☺

> So werden wir also automatisch zufriedener und fühlen uns wohler, leistungsfähiger, zuversichtlicher und deutlich effektiver in unserem Tun.

> Das wiederum macht schlicht und ergreifend GLÜCKLICH und zufrieden und bringt uns eine optimistische Haltung und motiviert uns somit! Im besten Falle beschert uns das eine große Dankbarkeit, zeigt uns erneut und vermehrt die **guten Dinge auf und** sensibilisiert uns glücklicherweise dafür, weitere gute Dinge wahrzunehmen.

Deshalb dürfen wir uns auch gerne mal LOBEN für jeden kleinen Schritt und für all das, was wir schon erreicht haben. Auch jetzt in diesem Moment, in dem Ihr dies hier lest! **Seid stolz auf Euch, lobt Euch, dass Ihr es bis hier hingebracht habt und mit dem Lesen dieses Textes auch bereit seid, mehr zu tun: Für EUCH SELBST Für Euer Wohlergehen, Euer Selbstvertrauen, für Euren Körper und Euren Geist!**

Denn so bleibt man langfristiger motivier dranzubleiben und vor allem neue Möglichkeiten zu erkennen, die uns sonst vielleicht entgangen wären.

Trotz all dem Lernen von Neuem, trotz neuer toller Glaubenssätze: wir dürfen uns auch einmal einfach schlecht fühlen, denn das ist die Realität!

Keinem geht es immer nur gut. Das heißt, wir müssen realistisch bleiben. Besonders in Krisenzeiten mit schweren Krankheiten oder anderen Schicksalsschlägen, mit Corona und Krieg: da kann man nicht komplett optimistisch sein. Licht und Schatten gehören zum Leben – das darf man akzeptieren und ebenso verhält es sich mit uns und unserem Empfinden. Manches kann man nicht einfach ausblenden oder verharmlosen, **aber wir haben immer die Wahl, wie wir damit umgehen - und das ist unser neuer Weg!** ☺

Positives Mindset beeinflusst unser Denken, Fühlen und somit auch unser Verhalten. Wenn man optimistisch und fröhlich in seiner Grundhaltung und Stimmung ist, kann man nörgelnden Menschen eher mit Leichtigkeit und einem Lächeln begegnen. Das ist dann wieder die Gelassenheit, die aus einem positiven Mindset entsteht und sich entwickelt. Im besten Fall steckt unsere Stimmung dann das brummelnde Gegenüber an und es entsteht eine gemeinsame fröhliche Haltung in Offenheit.

Aber wie kann man in schwierigen Zeiten eine positive Einstellung bewahren?

Corona und Krieg mitten in Europa: das sind zwei Szenarien, die sich niemand hätte vorstellen können und wollen! Zwei Mal wurden wir nun in eine schwere Situation hineinkatapultiert – und zwar richtig. Nicht ein bisschen, sondern komplett. Mit Wucht und einem riesengroßen Stoß!!!

Corona kann tödlich verlaufen und es kann Long-COVID entstehen.

Krieg? Das ist so unfassbar, dass man es kaum in Worte fassen kann. Unvorstellbar und menschlich mehr als eine Katastrophe...

Menschen sind betroffen... Nicht „irgendwer", sondern Mütter, Väter und Kinder, Großeltern, kranke Menschen und hilflose Menschen und Tiere. Und alles scheint hoffnungslos. Ich mag mir die Gefühle der Betroffenen gar nicht ausmalen.

Meine MS ist sehr klein dagegen...

Wie können wir positiv gestimmt bleiben, bei einer eigenen schweren Erkrankung (oder eines Schicksalsschlages) und noch dazu mit den schlimmen äußeren Einströmungen?

Einfach gesagt – so handhabe ich es – hat man wieder die **Wahl:** die Wahl zwischen Verzweifeln und Jammern und die Wahl weiterzumachen, anderen zu helfen und sie so gut es geht zu unterstützen. Denn wenn wir im Jammertal versumpfen, ändert das weder an Corona, noch am Krieg etwas. Auch den betroffenen Menschen ist mit Jammern nicht geholfen. Wenn wir aber nach vorne schauen und uns unseren Optimismus bewahren und ihn halten, dann können zumindest wir vorwärtskommen und auch nur so kann man helfen: wenn man selbst stark genug ist!

Natürlich vergeht einem manchmal die Lust auf Fröhlichkeit, denn an keinem von uns geht all das spurlos vorbei. Aber in einer Depression zu versinken, ist nicht effektiv. Anderen zu helfen, hilft uns selbst auch – also spendet zum Beispiel oder schließt Euch (je nach Verfassung) an Hilfsorganisationen an...

> Das heißt, dass es wichtig ist, auf was wir unsere Aufmerksamkeit richten. Es ist unsere individuelle Entscheidung, worauf wir unser Interesse in UNSEREM momentanen Leben richten wollen.
> **Ein guter sinnbringender erster Schritt ist es, sich für die schönen Dinge in seinem Leben in Dankbarkeit zu üben.**

Was gibt es Schönes und Gutes in meinem Leben? Die Kinder und/oder Enkelchen, der Partner, das Haustier, die eigene Wohnung, die Natur, die eigene Intelligenz und der Humor, die Empathie, die wir ausleben dürfen; dass wir Essen auf dem Tisch stehen haben und noch am Leben sind... Freunde, Familie, Nachbarn ... Freude, Lachen, Spaß... All das können Quellen der Energie sein und für all das können wir bewusst dankbar sein!

- **Es funktioniert – ich übe es jeden Tag und das Tolle daran ist: man wendet seinen Fokus dem Positiven zu und das Traurige tritt direkt in den Hintergrund. Auch mit einer chronischen Erkrankung kann man leben, gut leben und glücklich sein. Ich bin es!**

Dankbarkeit

Hilfreich ist hier zum Beispiel ein **Dankbarkeits-Tagebuch**: jeden Abend kann man sich aufschreiben, für was man heute dankbar war; was man an Schönem erlebt hat. Das kann sogar das Lächeln eines Passanten sein, ein nettes Wort der Verkäuferin und und und! Man muss es nur als Solches wahrnehmen! ☺

Wir können Menschen, die uns guttun auch mal ein DANKE sagen – das tut beiden Seiten gut!

Nur mit Dankbarkeit und dem Erkennen, **was wir an GUTEM haben**, können wir ein erfülltes Leben leben.

Perspektiv-Wechsel

Wir können die schwierigen Zeiten sogar dazu nutzen, um unsere althergebrachten Wahrnehmungs- und Handlungsmuster bewusster zu hinterfragen. Natürlich ist das Leben momentan besonders hart, aber auch das kann man nutzen, um die Perspektive zu wechseln und auch Neues willkommen heißen.

Vielleicht hat man während der Covid-Zeit ein neues Hobby für sich entdeckt, oder unterschiedlichen Dingen wieder anders Freude gefunden…. Vielleicht hat man mehr mit der Familie zusammengesessen und neue Rituale entdeckt, die guttun…

Vielleicht…. Jeder wird irgendetwas dazugewonnen haben. Bei mir ist es eine Stärke, die aus dieser Zeit erwachsen ist, da ich ja gleichzeitig noch einen todkranken Mann zu betreuen hatte. Ich habe es geschafft – das allein ist eine positive Tatsache, die man nicht zu übersehen braucht.

> ➢ **In schweren Zeiten gibt es die Gelegenheit mit seinem Potential in Kontakt zu kommen. Glück ist nämlich auch das bewusste Ergreifen von Gelegenheiten und Chancen.**

Natürlich fällt jeder noch so Geübte mal in ein Loch – der Unterschied besteht immer darin, WIE er daraus hervorkommt. Aber das sind wir chronisch Kranken ja sowieso gewohnt: oft fallen wir tief mit Beeinträchtigungen und Symptomen und haben im Laufe der Zeit gelernt, hier wieder herauszukommen. Und wir wissen deshalb auch, wie wichtig es ist, mit sich selbst sehr geduldig, verständnisvoll und mitfühlend zu sein. (Hier kann man mal die Perspektive wechseln und sich fragen, was uns eine liebe FreundIn in diesem Moment raten würde und sie/er wären mit Sicherheit empathisch und liebevoll mit uns!).

Langfristiges positives Mindset

Wenn wir lernen, wahrnehmen und immer wieder üben, uns auf das Positive zu besinnen und unsere alten Muster und Glaubenssätze durch neue freundlichere Sätze zu ersetzen, dann können wir es schaffen, auch langfristig ein positives Mindset zu entwickeln und zu halten.

Im Grunde liegt es auch an unserem Willen, denn es ist eine wiederholte bewusste Entscheidung für die Ausrichtung der eigenen Energie auf das, was funktioniert! Auf das, was gut ist und dass wir unsere Ressourcen nutzen und somit das ganzheitliche System unseres Körpers stärken.

Gefühle

Emotionen sind wichtig und helfen uns in unserem Leben – manchmal existentiell. Alle Gefühle haben ihre Daseinsberechtigung, denn erst einmal sind sie wertfrei zu betrachten. Alle Emotionen erfüllen somit wichtige Funktionen und jede Gemütsbewegung ist zum richtigen Zeitpunkt und in der richtigen Dosis nützlich für unser langfristiges Wohlbefinden.

Man kann lernen, die Gefühle besser zu verwalten und sich auf die positiven Eindrücke zu fokussieren. Das heißt, es ist gut, dass auch bedrückende Gefühle als erlaubt erlebt werden und man den Fokus auf einen angenehmen und angepassten Umgang mit ihnen legt. Das gilt auch für unser Gegenüber: Es ist ok zu fühlen, was man fühlt.

Aber es ist auch wichtig, dass man sich von negativen Energien Anderer nicht anstecken und runterziehen lässt. Das lernt man wahrzunehmen, wenn man selbst reflektiert mit seinen eigenen Emotionen umgeht und gelernt hat, den Fokus auf das Positive zu lenken. Dann spüren wir negative aussaugende Energien schneller und können unser inneres System behüten und schützen – vor allem wenn wir einen gesunden Abstand wahren und uns vergegenwärtigen, dass wir gerade auf einem ganz anderen Weg sind, auf dem Negativität keinen Platz hat.

Realistische Überlegungen

Klar ist, dass niemand mit negativen Gedanken weiterkommt! Denn sie ziehen immer wieder eine Gedankenspirale nach sich, sie hemmen uns und verhindern HANDELN!

Das heißt nicht, dass man sich nicht auch mal so richtig aufregen darf, oder zweifeln, hadern und einfach nicht weiterweiß. Aber logisch ist Folgendes: wenn man bei jedem kleinen Problem, das auftritt, als erstes einen schlechten (negativen) Gedanken hat, bringt uns das kein Stück weiter. Im Gegenteil: Es blockiert uns womöglich, zieht uns runter und kostet sehr unnötige Energie und Kraft. Noch dazu ziehen negative Gedanken auch negative Ereignisse an… Das bedeutet: unser Ziel kann so nicht erreicht werden.

Mit positiven Gedanken zieht man Positives an. Das Problem wird kleiner und wird eher als Herausforderung gesehen, die es zu bewältigen gilt. So kann man das „Problem" gleich schon mal entkräften und hat Kraft und Energie frei, um sich darum zu kümmern.

Wie schafft man das?

Man kann versuchen, eine positive Sache an der Situation zu finden – neben all den Ängsten, den Zweifeln und dem Zögern. Dabei ist die Frage wichtig, was uns in dieser (verfahrenen) Situation trotzdem weiterbringen könnte. Welche Möglichkeiten gibt es? Was kann man daraus lernen?

Interessanter Weise laufen solche Gedankengänge irgendwann ganz automatisch in unserem Kopf ab. Das Gute ist nämlich, dass wir uns so daran gewöhnen, anders zu denken, dass es uns „in Fleisch und Blut" übergeht und wir daraus resultieren können, dass man nicht gleich immer das Schlimmste in allem sehen muss. Es gibt IMMER Alternativen! Bewusste Versuche, bei jedem Zögern, Meckern, Zweifeln innezuhalten, können direkt positiv umgewandelt werden, da man mit dem Innehalten kurz zu sich kommt und auf „Positiv" umschalten kann.

Es lohnt sich also, im Üben zu bleiben und sich selbst darauf aufmerksam zu machen, wenn man sich in einer negativen Gedankenschleife befindet. Ich ertappe mich immer noch dabei und wandele den Gedanken dann sofort in einen positiven Gedanken oder Glaubenssatz UM: Das Schöne daran ist, dass ich mich oft selbst bei einem Lächeln erwische, wenn ich den Satz umformuliere. Lächeln… inmitten einer Schwierigkeit – wenn das kein guter Ansatz ist! Es wird immer leichter – das werdet Ihr merken und tatsächlich sieht dann auch die Welt um Euch herum schöner aus und Gelassenheit zieht ein!

Zusammenfassung:

„Denke positiv und positive Dinge werden geschehen!"

Stimmt das?
Ich behaupte nach einem monatelangen bewussten und einem jahreslangen nicht ganz so bewusstem Üben: JA! Es funktioniert und stimmt!

Man kann keine „Wunder am Stück" erwarten, aber es geht uns ja um eine neue Lebenshaltung, die unseren Alltag und unser Leben erleichtert, verschönert und vor allem positiver gestaltet. **Und das kann geschehen, weil sich eingefahrene Denkmuster tatsächlich verwandeln lassen.** Umwandeln in neue Glaubenssätze, die wir – wie es der Name sagt – auch glauben!

Ich habe hierzu im Internet eine tolle Aussage gefunden:
Dr. Marcel Wilhelm, Abteilung Klinische Psychologie und Psychotherapie, Philipps-Universität Marburg

„Früher herrschte die Sichtweise vor, dass das Gehirn eher passiv auf Reize von außen wartet und dann darauf reagiert. Mittlerweile wissen wir, dass das nicht so einfach ist. Heute sehen wir es so, dass das Gehirn ständig Vorhersagen über die Umgebung trifft und sich auf mögliche zukünftige Ereignisse vorbereitet. Dass diese Vorhersagen sehr unterschiedlich sein können, sehen wir im Vergleich gesunder und depressiver Personen. Aufgrund ihrer unterschiedlichen Erwartungen werden beide die gleiche neutrale soziale Situation unterschiedlich deuten. Das Gehirn spart sich dann die Verletzung der eigenen Erwartung, lernt aber auch nichts dazu. Denn wenn nur das Erwartete eintritt gibt es dazu keinen Anlass. Für schwer depressive Personen bedeutet dies, dass sie vor lauter negativer Erwartung gar nicht mehr mitbekommen, wenn eine Situation positiv ist!
Um das Denken umzustrukturieren müssen die Erwartungen verletzt werden. Etwa indem man sehr positive Erfahrungen mehrmals hintereinander macht, obwohl man negative erwartet. Bei Personen mit einer ausgeprägten Depression ist das aber schwer. Depression bedeutet u.a. eine Stoffwechselstörung von Botenstoffen, die mit Be-

lohnung zu tun haben, also Dopamin, Serotonin und Noradrenalin. Wir wissen aus der Forschung, dass depressive Menschen, denen es an diesen Botenstoffen mangelt, für Belohnung nicht mehr so empfänglich sind, weshalb sie auch schlechter lernen und schlechter umlernen können.

Allerdings funktioniert das auch umgekehrt: Es gibt auch Befunde, die darauf hindeuten, dass positiv eingestellte Menschen leichter lernen, wenn dieses Lernen über eine Belohnung erreicht wird. Deren positive Verstärkung erleichtert das Lernen, weil der Effekt des ausgeschütteten Dopamins stärker ist. Die Belohnung wird stärker wahrgenommen, das macht es leichter zu lernen.

Das führt mich zurück zu Erwartungen. Deren positiven Effekt konnten wir in einer großen Studie mit Patienten nach einer koronaren Bypass Operation bestätigen. Wir haben Patienten vor ihren Operationen nach dem Zufallsprinzip in zwei Gruppen eingeteilt: Patienten der Standardgruppe wurden wie üblich behandelt und über die Operation aufgeklärt. In der Erwartungsoptimierungsgruppe wurden die Patienten vor dem Eingriff gebeten sich ihre Zukunft sechs Monate danach vorzustellen. Was würden sie langfristig durch den Bypass an Lebensqualität und Möglichkeiten dazu gewinnen? Das sollte positives Denken und positive Erwartungen fördern. Das Ergebnis der Studie war, dass Patienten, die sich vor dem Eingriff vorgestellt hatten was sie später durch die Operation alles machen können, wesentlich weniger eingeschränkt waren, oder ihre Einschränkungen als niedriger einschätzten. Teilweise hatten diese Patienten sogar bessere Entzündungswerte im Blut. Obwohl alle die exakt gleiche Operation bekamen.

Spannend daran ist, dass die Erwartung ja nichts an der Situation ändert. Das Ergebnis bedeutet also nicht: „denke positiv und positive Dinge werden passieren". Sondern eher: „erwarte Positives, dann siehst Du es auch". In dem Moment, da ich überhaupt die Möglichkeit sehe, dass etwas besser werden kann, kriege ich auch leichter mit, dass es besser geworden ist. Sonst übersehe ich das Positive, weil ich auf das Negative fokussiert bin.

Dass das sogar in Bezug auf eine Bypass Operation funktioniert, ist natürlich sehr schön.

Aufgezeichnet von Jochen Müller"

(https://www.dasgehirn.info/aktuell/frage-an-das-gehirn/was-bewirkt-positives-denken?gclid=Cj0KCQjwgYSTBhDKARIsAB8KukudoNqhOKv_LDVZ76rtOQ_gRVGyxYdm--g-0_b-9ioGEyxwG2Smc_QaAhJ3EALw_wcB)

Mir ist es wichtig, auch Studien aufzuführen, da wir daran sehen, dass es keine Einbildung, sondern eine erwiesene Tatsache ist, dass positive Denkmuster und in vielen Lebenslagen helfen können.

Persönliche Erfahrungen

Wer meinen Blog verfolgt, weiß, dass ich in den letzten Jahren wirklich schwere Jahre hatte, da ich meinen Mann bis zum Tod begleitet habe. Sterbebegleitung mit allem, was dazugehört…
Trauer und Verarbeitung…
Des Weiteren hatte ich im März 2021 eine schwerwiegende Krebsdiagnose erhalten, die sich mittlerweile wieder halbwegs zerschlagen hat, aber nie ganz vom Tisch ist. Dafür gab es eine neue Diagnose (die mir lieber als Krebs ist): SARKOIDOSE!
Nun habe ich also zwei schwere und unheilbare Erkrankungen und muss noch mit dem Tod meines Mannes umgehen.
Ich schreibe das nicht, um Mitleid zu bekommen, sondern diese Ereignisse zeigen einen Weg auf, den ich gegangen bin und der mich verändert hat.
Schon während der Sterbebegleitung habe ich mein „Mindset" verändert, da mir klar war, dass ich diese schwere Zeit überstehen muss und nach seinem Tod weiterleben muss/darf – und ich wollte zurück ins Leben und nicht in der Trauer verharren und versumpfen.
Schon zu dieser Zeit las ich sehr viele entsprechende Bücher, hörte mir Podcasts an und schaute Videos an. Thema „Positives Mindset", aber auch „Wünsche ans Universum schicken" – Glaubenssätze verändern und arbeitete dies wirklich ernsthaft auf. Das hat mich sehr geprägt und half mir auch, mit meiner Trauer umzugehen.
Als diese „Krebsdiagnose" auf dem Tisch war, musste ich nochmals umdenken. Ich war wirklich der Verzweiflung nahe, denn erst hatte ich meinen Mann durch Krebs verloren und das alles ja auch

noch vor meinem bildlichen Auge und nun sollte ich selbst an Krebs sterben???

Aufgeben ist nie eine Option für mich, aber einfach nur zu „hoffen" reichte mir in diesem Moment nicht. Also begab ich mich wieder auf die Suche nach Lösungen und Möglichkeiten und konnte mich mit positiv formulierten Gedanken und den Affirmationen wieder aufraffen und ins Leben zurückfinden. Das wirklich Tolle daran ist, dass es wirkt, wenn man es regelmäßig praktiziert.

Ich habe meine Gedankenwelt tatsächlich positiv „verändert" und mittlerweile fällt mir meistens schon direkt auf, wenn ein Gedanke noch negativ geprägt ist und ich ändere ihn dann direkt ins Positive. Oft muss ich dann schmunzeln und auch das hilft! ☺

Es ist Arbeit – ja, das gebe ich zu. Ich bin doch sehr geprägt von leistungsgeprägten Sätzen aus meiner Kindheit und diese verändere ich nun bewusst.

Und es wirkt – mir geht es besser, ich erde mich immer mehr und komme auch immer mehr bei mir selbst an.

Meditative Momente (das müssen keine klassischen Meditationen sein, sondern auch einfach irgendwo hingucken, Musik hören, tanzen, malen, Handarbeiten oder was auch immer EUCH individuell guttut) – das hilft, um negative Gedanken auszuschalten. Wenn sie doch kommen, dann nehmt sie wertfrei an… und dann verändert sie in positive Affirmationen. Es funktioniert.

Ich sehe mich nun, circa zwei Jahre nach dem Tod meines Mannes (das war 2020) an und sehe eine veränderte Heike, die gelassener wurde, selbstbewusster und viel viel besser für sich selbst sorgen kann. Meine Liebe für die Welt ist größer geworden und diese Liebe spiegelt sich immer mehr.

Ich ziehe tatsächlich andere positive mich unterstützende Menschen an und sortiere deutlich aus… Ich kann besser „Nein" sagen und mich mittlerweile gut abgrenzen…

Das heißt, ich achte viel mehr auf mich selbst = Selbstliebe und Selbstfürsorge.

Ich weiß besser, was ich will und was ich definitiv nicht will und lebe nach dieser Vision.

Ich habe viele Visionen für mein Leben und da ich sie auch wirklich lebe, ausspreche und daran glaube, haben sich einige schon erfüllt.

Deshalb möchte ich diese Erfahrungen mit Euch teilen.

Niemand muss das auch so machen – jeder entscheidet für sich selbst. Aber ich nehme Euch einfach mal ein kleines Stück auf meinem Weg mit – vielleicht habt Ihr etwas davon...

Ich freue mich auf Eure Kommentare, Eure Ideen und auf das, was IHR ausprobiert. Wir können uns ganz sicher gegenseitig unterstützen.

Und das geht auch mit einer schweren Behinderung oder mit einem schweren Schicksalsschlag: ich habe beides erlebt und bin positiv daraus hervorgegangen! Wenn das keine Motivation ist! ☺

Sich selbst weiterzuentwickeln darf immer unsere Vision sein, denn stehenbleiben möchten wir schließlich nicht. Und auch, wenn unser Körper manchmal oder dauernd streikt: unser Geist ist offen und es schadet ganz sicher nicht, es auszuprobieren.

Manche können unseren Weg nicht mitgehen – auch das erlebe ich. Aber auch das ist ok. Wertfreiheit ist hier wichtig. Jeder geht seinen individuellen Weg!

Ich wünsche Euch so sehr, dass Ihr für Euch einen GUTEN Weg findet!

Liebe Grüße, alles GUTE,

Heike :)

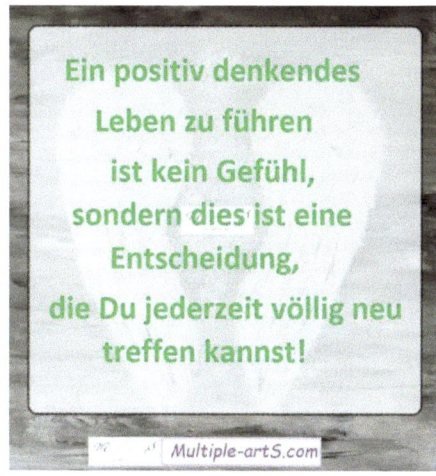

Dankbarkeit mit spirituellen Gedanken:

Durch Dankbarkeit erkennen wir das Gute in unserem Leben und können es annehmen!

Unsere Aufmerksamkeit auf die Haltung der Dankbarkeit zu richten, ist eine Form achtsamer **spiritueller Praxis**, die den Vorzug hat, dass sie sehr schnell Resultate zeigt. Wenn wir uns am Morgen vornehmen, dankbar zu sein für alles, was uns an diesem Tag begegnet, werden wir am Abend vielleicht bereits spürbar glücklicher sein.

Dankbarkeit aktiviert unsere Empfänglichkeit für Fülle in unserem Leben.
Fülle = Erfüllung!
Leben in Fülle macht einfach dankbar!
Das bedeutet auch, dass das Maß unserer Dankbarkeit auch das Maß und die Inhalte an unserer Fülle bestimmt. Denn dieser Umfang an Fülle fließt zu uns und zeigt uns das Positive in unserem Leben auf. Der Fokus wird somit nicht auf das Negative gelenkt, sondern auf die „Fülle" in unserem Leben – auf das, was wir haben und vielleicht nicht immer sehen und wahrnehmen!
Wer ans „Universum" glaubt, gibt ihm damit auch ein Signal und das wiederum führt dazu, dass wir auch weiterhin den Blick auf das Wesentliche und Schöne lenken dürfen.

Im Gegensatz dazu beruhen Haltungen und Gefühle wie Undankbarkeit, Ablehnung, Wut und Ärger auf dem Gefühl von Wertlosigkeit. Dies könnte bedeuten, dass man sich selbst für wertlos hält oder gar für so wertlos, dass man die Fülle nicht verdiene!

Das Tragische daran ist, dass dies wiederum die Wahrnehmung von **Mangel** in unserem Leben verstärkt, was ja kontraproduktiv ist, um die Fülle zu sehen. Das Universum reagiert auf das, was wir aussenden.

Dankbarkeit beruht sozusagen auf UNSERER Entscheidung, in allem was geschieht und was uns begegnet, LIEBE zu sehen und uns darauf zu besinnen.

Klar ist, dass dankbare Menschen sehr glückliche Menschen sind und dass der Umfang unserer Dankbarkeit über das Maß an Wohlstand in unserem Leben entscheidet. Denn jene Fülle und Wohlstand werden in dem Maße zu unserer Realität, in dem wir die Fülle und Vollkommenheit in und um unser Leben herum anerkennen.

Wenn wir unseren Fokus auf das Gute und auf die Liebe richten, ziehen wir auch automatisch das Gute und die Liebe verstärkt in unser Leben.

Es fängt schon damit an, dass wir dankbar für unser Leben sein dürfen – auch, wenn es vielleicht durch Schicksalsschläge gebeutelt erscheint.

Ich bin trotz zweier schwerer Krankheiten auch dankbar für meinen Körper!

Erstens „schlimmer geht immer"! Und zweitens: ich kann SEHEN (und ich weiß, was es bedeutet, NICHT sehen zu können, da mein linkes Auge blind und gelähmt war). Ich habe Arme und Beine und selbst wenn ich sie vielleicht nicht mehr so flüssig bewegen kann, wie gleichaltrige Gesunde, so tragen sie mich doch noch. Ich kann hören, riechen und schmecken (durch Covid erlebte ich, wie auch diese Sinne schwanden).

Ich kann fühlen! Ich spüre den Unterschied zwischen hart und weich, zwischen nass und trocken oder hell und dunkel. Ich kann meine Kinder und Enkelkinder sehen, fühlen, riechen.... Ich kann meinen Seelenhund Smiley verspüren und kuscheln, auch wenn ich keine riesengroße Gassi-Runden mehr laufen kann.

Ich sehe die Sonne, betrachte tolle Wolkenformationen, habe ein warmes Dach über dem Kopf und genügend zu Essen.

Ich fühle mich privilegiert, denn vielen Menschen geht es nicht so gut.

Ich habe eine liebevolle Familie, tolle treue Freunde und nach dem Tod meines Mannes vor zweieinhalb Jahren nun auch wieder einen neuen Partner. Ich bin „reich"! Reich mit all diesen Dingen, die ich habe und sehe. Fühle und genieße. Reich – nicht an Gesundheit oder an materiellen Dingen, aber reich an Fülle. Und diese Fülle verstärkt sich, wenn ich sie in Dankbarkeit betrachte, wahrnehme, annehme und lebe!

Dankbarkeit ist ein Antrieb und die Basis für unsere spirituelle Entwicklung. Denn, wie schon erwähnt, jeder von uns darf die Früchte der Gedanken einsammeln und bewahren, die er selbst aussendet. Wenn wir also unseren Fokus auf das Gute und auf die Liebe richten, ziehen wir automatisch auch eher das Gute und Schöne an. Die Liebe wiederum wächst und gedeiht nun auch in unserem Leben.

Spiritualität und Dankbarkeit bedingen sich. Denn wenn wir akzeptieren, dass uns Gutes widerfahren darf, dass wir es WERT sind, Fülle zu erleben, dann öffnen sich die Schleusen zum Universum.

Da Dankbarkeit hohe Schwingungen auf der energetischen Ebene hat, hat sie auch eine große Schlüsselfunktion, um den Kontakt nach „oben" besser aufnehmen zu können.

Wer dankbar ist, erfährt das Leben als Geschenk. Deshalb ist das Praktizieren der Dankbarkeit ein spiritueller Weg!

> **Dankbarkeit kann uns zutiefst bereichern und uns das als Geschenk vor Augen halten, was wir oft fälschlicherweise als selbstverständlich betrachten.**

Und wenn wir mal nachdenken, wird es viele Situationen in unserem Leben geben, in denen wir wirklich dankbar waren.

Dankbar für eigene Kinder, dankbar für gesunde Kinder, dankbar, dass sich Schmerzen aufgelöst haben, oder Dankbarkeit für eine Begegnung mit einem Menschen, den wir sehr lieben. Vielleicht hat dies sogar dazu geführt, dass unser Herzchen vor lauter Freude und Dankbarkeit regelrecht überschäumte.

Wenn wir uns einfach deutlich bewusstwerden, dass uns das Leben geschenkt wurde, und für dieses Geschenk dankbar sind, erleben wir einen großen inneren Reichtum.

Dankbarkeit heißt auch, den gegebenen Augenblick und jede wahrnehmbare Gelegenheit als **Geschenk** wahrnehmen zu können! Denn so entsteht in uns eine neue Lebendigkeit, was uns so viele wundervolle Gelegenheiten gibt uns aufrichtig zu freuen! Dies bedeutet, dass uns die Dankbarkeit auch enorme vielfältige Gelegenheiten schenkt, den Sinn in bestimmten Situationen entdecken zu können – vor allem jene, die uns vielleicht zunächst einmal gar nicht als Geschenke erschienen. Dies bedarf einiger Übung, aber es ist eine spirituelle und sehr wertvolle Aufgabe!

Dankbarkeit macht auch kreativ, denn mit gelebter Dankbarkeit sind wir ja nicht für „irgendetwas" dankbar, sondern immer für die **Gelegenheit**, uns daran zu freuen. Ich finde das fantastisch, denn wir bekommen dadurch die wundervolle Möglichkeit, noch viele großartige Gelegenheiten wahrzunehmen, die wir zuvor vielleicht freudlos als gegeben hinnahmen! Dadurch multipliziert sich quasi sofort unsere Lebensfreude. Herrlich, oder?!

So ganz nebenbei bekommen wir nun Übung darin, den Fokus auf das Schöne zu richten und lernen so auch, dass wir jede gegebene Gelegenheit beim Schopf packen können! Und genau dies macht uns schöpferisch kreativ, belebt Körper, Geist und Seele! Es kann fast ein berauschendes Gefühl sein., das uns einfach nur guttut und unser Gehirn speichert es als „TOLL" und möchte es zum Glück wieder erleben!

Aus all dem lernen wir etwas ungemein Wichtiges, etwas Essentielles: Jetzt sind wir nämlich imstande, auch mit Situationen umzugehen, in denen uns etwas begegnet, wofür wir *nicht* dankbar sein können! Das ist das einzigartige Lernergebnis, das uns andauernde Freude schenken kann und uns dazu verhilft, ein fröhlicheres zufriedeneres Leben zu führen.

Wenn man sich in solchen Momenten dann auch noch fragt, wozu uns diese Situation nun „Gelegenheit" schenkt, dann kommen wir unweigerlich darauf, dass dies eine umwerfende Chance bringt, etwas NEUES zu lernen und zu integrieren.

Dies ist auch stark mit der Resilienz gekoppelt (aus schwierigen Situationen das Beste zu machen) und bringt uns auf eine ganz besondere Ebene der „Schwingungen", die uns sowohl mit dem Universum verbinden können, als auch vor allem viel Kraft gibt und einen gelungenen Perspektivwechsel aufzeigt.

Ich möchte noch darauf eingehen, dass einige Leser vielleicht dem Begriff „Dankbarkeit" mit Unbehagen begegnen. Eventuell liegt es daran, dass fast jeder gewisse Situationen erlebt hat, in denen Dankbarkeit von uns erwartet wurde, obwohl wir uns nicht dankbar gefühlt haben. Diese mit dem Begriff Dankbarkeit in Verbindung stehenden unschönen Gefühle können uns bei der Beschäftigung mit der Dankbarkeit behindern. Dies so wahrzunehmen, kann deshalb nützlich sein, um der Praxis der Dankbarkeit die schöpferische Chance zu geben, die sie verdient.

Dankbarkeit zu üben heißt auch, seine Achtsamkeit und Aufmerksamkeit auf die **kleinen Dinge** des Alltags zu lenken und die wundervollen noch so kleinen Geschenke und Besonderheiten eines Tages entsprechend wahrzunehmen und dann zu würdigen. Diese vielen kleinen Zuwendungen auf die eventuell so erscheinenden unscheinbareren Dinge des täglichen Lebens, ergeben ein tieferes Bewusstsein für das Schöne in seinem Leben und auf das Gute, das einem widerfährt. Das kann sich mit viel Training und Hingabe nur zu einem Leben in Fülle entwickeln! ☺

*Dankbarkeit zu fühlen
und sie nicht auszudrücken,
ist wie ein Geschenk zu verpacken
und es nicht zu verschenken.
-Adolphus Ward-*

Dankbarkeit – der schnellste Weg zu mehr Lebensfreude

Nur freie Menschen sind einander wahrhaft dankbar.
-Baruch de Spinoza-

Eine gelebte Dankbarkeit erinnert uns daran, dass wir auf die Unterstützung von Mitmenschen angewiesen sind. Dieses Wissen um die Verletzlichkeit und Abhängigkeit des Einzelnen - und damit um die Bedeutung von Dankbarkeit - ist ein großer Schritt in Richtung Dankbarkeit.

Und gerade chronisch Kranke kennen dieses eine Gefühl der Dankbarkeit, oder auch der „Wut auf das Schicksal": nämlich dann, wenn wir die Erfahrung machen mussten, dass Dinge wie Gesundheit oder materielle Sicherheit keine Selbstverständlichkeiten sind. Aber diese Menschen haben ebenso gelernt, dass aus überwundenen Krisen und Schicksalsschlägen neue Dankbarkeit und Zufriedenheit und somit auch eine neue Lebensqualität entstehen kann.

Und ganz wichtig: Manchmal aber gibt es tatsächlich wenig Anlass für Dankbarkeit: Wie schafft man es, dankbar zu sein, wenn man gerade einsam, krank oder aus anderen Gründen unglücklich ist?

Weshalb sollte man es in einer solchen Situation schaffen müssen, dankbar zu sein? Wenn man Anlass hat, traurig, enttäuscht oder ärgerlich zu sein, dann sollte man sich nicht zwingen, das mit Dankbarkeit zu übertünchen. Das wäre ja nur eine weitere Belastung. Nein, alles hat seine Zeit: die Dankbarkeit, aber auch das Klagen und der Ärger.

Oft konzentrieren wir uns im Alltag auf das Negative und übersehen dabei all die positiven Dinge, die das Leben uns schenkt. Dadurch entgeht uns ein großer Teil an Lebensfreude. Sogar schwerwiegende Probleme oder Entwicklungskrisen haben manchmal noch ihre positiven Seiten. Häufig nehmen wir diese aber gar nicht wahr. Krankheiten haben auf den ersten Blick nichts Positives und so sehe ich persönlich das prinzipiell auch. Meine MS hat meine Lebensqualität verringert, ich habe viele Einbußen in mein Leben ertragen müssen und kann mich mit gesunden Gleichaltrigen schon längst nicht mehr vergleichen. Das schmerzt und erscheint ungerecht. Aber, so flüstert eine kleine Stimme, ich bin nun auf Grund der MS voll verrentet, was dringend notwendig ist, aber ich habe aus diesem Zustand nun das Beste gemacht: ich schreibe, ich kann mir meinen Tag einteilen und habe vor gut neun Jahren einen süßen Hund adoptiert, für den ich vorher nie Zeit gehabt hätte. Ich empfinde der MS gegenüber ganz sicher keine Dankbarkeit – dafür hat sie mir zu viel genommen, aber ich empfinde Dankbarkeit, will es mich nicht noch schlimmer erwischt hat und ich einen neuen Lebensstil gefunden habe: MEINEN! Ich übe mich täglich in Dankbarkeit, denn vieles ist einfach trotz MS ein Glücks-Umstand. ☺ Mein Hund gibt mir so viel Liebe und schenkt mir Freude, er zeigt mir, dass es sinnvoller ist, im Hier und Jetzt zu leben, er bringt mich zum Lachen. Mein Schreiben hilft Betroffenen und Angehörigen und ich bekomme wundervolles Feedback, das mich trägt und motiviert. Das ist Glück und dafür bin ich dankbar.

Dankbar, Kinder zu haben, einen Partner und liebe Freunde und eine tolle Familie – das ist so wertvoll und nicht selbstverständlich. Somit hilft mir die Dankbarkeit als schneller Weg zu mehr Lebensfreude.

Und gerade wenn man chronisch krank ist oder mit anderen Beeinträchtigungen zu leben hat, weiß man, dass Gesundheit nicht selbstverständlich ist. Es scheint normal zu sein, dass wir hören, fühlen und schmecken können, dass wir in einem friedlichen Land leben, Bildung erhalten und so weiter. Aber wenn man sich in der Welt umschaut, ist es nicht normal. Und dafür, dass wir dieses Privileg leben, dürfen wir dankbar sein. Diese Dankbarkeit, die wir dann empfinden, sollten wir eigentlich jeden Tag spüren und uns erhalten, sie genießen und verinnerlichen und dies nicht nur „Mal", sondern in unzähligen Momenten.

Dann erhöht Dankbarkeit die Lebensfreude um ein Vielfaches. Und nicht nur nachhaltig, sondern in dem besonderen Moment – sie trägt uns und lässt uns tiefer und achtsamer empfinden.

In jedem Beziehungsgeflecht gilt, dass es um Klärung von Erwartungen geht, sowie um das Grenzensetzen, um Vertrauen, Vergeben und um die Liebe in den unterschiedlichsten Facetten. Alles erdet sich in der Achtsamkeit gegenüber sich selbst und gegenüber dem anderen.
Deshalb ist es (wie auch mit der Achtsamkeit, die erst einmal sich selbst gegenüber praktiziert werden muss), auch mit der Dankbarkeit so: sich selbst gegenüber dankbar zu sein, ist der erste Schritt. Auch, um Energie zu sammeln und Kraft zu tanken. Viel zu oft passt man nicht gut genug auf sich selbst und die eigenen Reserven auf und lässt noch dazu womöglich dem „inneren Kritiker" die Oberhand und schafft es so dann nicht, für das dankbar zu sein, was man ist - was man kann, was man tut und hat.

Dankbarkeit als Weg / Rituale

➔ **Es ist ein Segen, dass wir meistens die Wahl haben: unterzugehen oder das Beste aus einer Situation zu machen!**

Dankbarkeit ist nicht nur eine einfache emotionale Reaktion, sondern ist eng mit Lebensfreude und Empathie verknüpft. Wissenschaftlich wurde festgestellt, dass sich Dankbarkeit positiv auf die Gesundheit, unser Wohlbefinden und auch auf unsere Beziehungen auswirkt! Das ist doch eine tolle Nachricht und sie darf es uns WERT sein, dass wir uns auf den „Weg der Dankbarkeit" begeben.
Dazu gibt es viele Möglichkeiten, unter anderem meditative Übungen und Achtsamkeitsübungen.
Achtsamkeitstraining hat nicht nur etwas mit Meditation zu tun, auch Dankbarkeit ist eine Form der Achtsamkeit gegenüber sich selbst, dem eigenen Umfeld und dem Leben selbst.

So kann man sich zu Beginn beispielsweise vor dem inneren Auge eine Person, eine besondere Situation oder auch einen Gegenstand in seinem Leben vorstellen, für den man besonders dankbar bist. Dabei darf man sich auf so viele Einzelheiten wie möglich besinnen, um den Eindruck zu vertiefen. Dazu kann man sich gemütlich hinsetzen- oder legen, oder man macht diese Übung direkt morgens nach dem Aufwachen. So kann man direkt mit einem positiven Gefühl in den Tag starten.

Sie werden merken, wie Sie automatisch entspannter werden und auch lächeln. Und ebenso direkt stellt sich echte Dankbarkeit ein.

Ja, so schnell können wir uns in Dankbarkeit üben! ☺

Im Gegensatz dazu oder zusätzlich kann man abends ein Dankbarkeits-Tagebuch schreiben. Dies kann zu einem liebevollen Ritual werden. Man beginnt so, dass man sich jeden Abend ein paar Dinge aufschreibt, für die man an diesem Tag dankbar war! Sie werden staunen, wie viele Dinge das sind!

Das Besondere an dieser Übung ist, dass man sich das Geschriebene immer wieder anschauen kann. Besonders auch an Tagen, an denen es Ihnen vielleicht nicht so gut geht. Dann hilft das Geschriebene, die positiven Sachen nicht zu vergessen.

Briefe sind auch tolle Dankbarkeit-Übungen. Sie können jemanden bitten, Ihnen einen Brief zu schreiben, in dem er Ihnen seine Dankbarkeit Ihnen gegenüber mitteilt. Ich wurde tatsächlich von einer Freundin genau darum gebeten und fand es anfangs etwas merkwürdig. Aber das Aufschreiben der dankbaren Gefühle ihr gegenüber hat auch mir gutgetan, da ich dadurch ja Dankbarkeit erlebte und es hat noch dazu unsere Beziehung gefestigt, da es ja wirklich ein außergewöhnlicher und auch irgendwie intimer Wunsch ist!

Auch sich selbst kann man einen Brief schreiben und sich selber danken! Komisch? Ja vielleicht, aber zur Dankbarkeit gehört neben Achtsamkeit und Respekt sich selbst gegenüber auch, dankbar mit sich selbst umzugehen. Das bezweckt nämlich, dass man raus aus der „Opferrolle" kommt und nicht nur den Mangel in seinem eigenen Leben beachtet, sondern den Fokus auf das GUTE im eigenen Leben richtet: Man kann sich ins Gedächtnis rufen, worauf man stolz sein kann, oder gibt es positive Gewohnheiten, die man bereits erfolgreich ins Leben integriert hat? Man kann sich hinterfragen, ob man sich selbst genügend „gelauscht" hat, ob man seine Bedürfnisse gut genug wahrgenommen hat....

Eine weitere Übung ist, dass Sie sich folgende Frage stellen: „Wie würden Sie einen dankbaren Menschen beschreiben?"

Vermutlich werden Sie nicht an einen geizhaltigen oder bösen Menschen denken, oder? Sie werden eher an einen sozial verträglichen freundlichen und gar glücklichen Menschen denken, nicht wahr? ☺

Ganz einfach kann man jeden Tag selbst etwas tun, um andere Menschen glücklich zu machen (jeder im Rahmen seiner Möglichkeiten): eine Tür aufhalten, einen Passanten anlächeln, jemandem etwas Liebes schreiben... Dafür gibt es unzählige kleine und wirklich einfache Ideen!

All diese Übungen, die wir auch gerne mal mitten am Tag in einer stillen Minute machen können, zeigen uns, dass es definitiv GUTES in unserem Leben gibt. Das muss nicht DAS Besondere sein. Ein Lächeln eines Nachbars, die kleine Blume am Wegesrand – das sind die kleinen so wundervollen Dinge, die wir oft gar nicht bewusst wahrnehmen. Mit dem Üben wird dann auch die Wahrnehmung geschult und verfestigt, sodass wir jeden Tag mehr kleine Wunder wahrnehmen. So wird unser Gehirn liebevoll daran erinnert, dass es nicht nur Schlechtes in unserem Leben gibt. Unsere Gedanken werden automatisch dadurch etwas fröhlicher und das strahlen wir auch aus! ☺

Denn Menschen, die sich wirklich dafür interessieren, Dankbarkeit zu leben, entwickeln auch mehr Lebensfreude, eine positivere Grundhaltung und Wohlbefinden.

Sehr oft ist es so, dass wir unseren Fokus auf den Mangel in unserem Leben richten. Leider!

Unserem Gehirn scheint es leichter zu fallen, sich auf die Dinge zu konzentrieren, die uns im Leben fehlen und die gerade nicht gut laufen! Noch dazu nehmen wir Vieles als zu selbstverständlich an. (Wer einmal ernsthaft krank war oder gar chronisch krank ist, der kennt diese schrecklichen Zustände und ist dankbar, wenn es wieder - wenn vielleicht auch nur phasenweise - besser wird.)!

Dankbarkeit beeinflusst körperliche Gesundheit positiv

Nach der psychischen ist auch die körperliche Gesundheit ein wichtiger Aspekt, der durch Dankbarkeit beeinflusst wird. Denn wie oft führt Stress mit der Zeit zu einem Problem. Dankbarkeit dagegen verringert den Stress-Level. Es wird vermutet, dass Dankbarkeit durch die positiven Auswirkungen auf das Stress-Erleben dadurch indirekt gute Auswirkungen auf die allgemeine Gesundheit hat.

Auch die Schlafqualität dankbarer Menschen soll besser sein.

Dankbarkeit ist also scheinbar ein Gesamtpaket, das rundum positive Einflüsse auf das physische, psychische und subjektive Wohlbefinden hat.

Mit einem negativen Aufmerksamkeitsfokus verleihen wir dem Negativen in unserem Leben vergleichsweise viel Gewicht! Dies äußert sich dann in schlechter Stimmung, Unzufriedenheit und/oder sogar in niedrigerer Energie.

> **Klar ist: Worauf wir uns im Leben konzentrieren, das „füttern" wir unbewusst auch.**

Wenn wir also das Positive fokussieren, dann verschwinden die „gefühlt" negativen Dinge aus unserem Blickwinkel und haben somit die Chance, ganz zu verschwinden oder zumindest auf ein erträgliches Maß zu schrumpfen. Dabei hilft es uns, wenn wir Dankbarkeit leben möchten, denn dieser Weg beeinflusst unsere Lebenseinstellung! Das heißt also: den eigenen Fokus aktiv weg vom Negativen und hin zum Positiven wenden! Oder auch, die Gedanken zu unterdrückten Potenzialen und zur Fülle (statt dem Mangel) zu lenken! Dies fördert diese ganzen Aspekte wird dafür sorgen, dass wir tatsächlich immer dankbarer für das sind, was wir haben! Ein guter Weg!

Positive Effekte von Dankbarkeit

Interessant ist, dass Wissenschaftler die Dankbarkeit nicht als vorübergehendes Verhalten, sondern tatsächlich als Charakterzug ansehen. Wenn uns dies klar wird, erklärt es sich von selbst, warum man auch ein dankbarer Mensch sein möchte. Ein guter Charakter ist immer von Vorteil, so denkt man sich – und das erlebt man ja auch so. Charakteristische Menschen, bei denen diese Eigenschaft stärker ausgeprägt ist, fühlen sich auf ganzer Linie besser: Sie sind glücklicher, leiden seltener an Depressionen oder unter Stress, sind zufriedener mit ihrem Leben und ihren sozialen Beziehungen. Mit Menschen, die einen guten Charakter besitzen, umgibt man sich ja auch deutlich lieber. Das ist doch wirklich ein nennenswertes Ziel!

Menschen, die zufriedener sind, sind auch meistens stärker, da sie eine gute Resilienz (= die Fähigkeit, mit schwierigen Phasen umzugehen und gestärkt aus diesen herauszukommen) haben. Deshalb gebe ich in diesem Buch auch der „Wertschätzung" und ähnlichen Themen so viel Raum. Das eine bedingt das andere. Auf jeden Fall gehen wir immer gestärkter aus Krisen hervor!

Somit hat also scheinbar die Dankbarkeit auch von allen Charakterzügen eine der stärksten Beziehungen zur psychischen Gesundheit!

Dankbarkeit als persönliches „MUSS"?

Nein. Dankbarkeit hat auch Grenzen.

- ➔ **Mir ist es wichtig zu sagen, dass es Dinge auf unserer Welt gibt, für die ich nicht dankbar sein kann: beispielsweise Kriege, hungernde Kinder und Leid.**
- ➔ **Aber ich kann dann immerhin dafür dankbar sein, dass ich das Leid wahrnehme und etwas dagegen tun kann.**

Ich versuche zum Beispiel zu helfen, in dem ich spende. Ich kann leider nicht mehr aktiv helfen, mitanpacken und Pakete schleppen und so weiter, aber auf Leid aufmerksam zu machen (beispielsweise in den sozialen Medien) und das zu teilen, was man hat und kann: das sind schonmal gute Ansätze! An „Tafeln" zu spenden – sei es mit Geld oder Sachspenden, Organisationen zu unterstützen, die im Krieg schnell und effizient helfen – all das kann man ohne großen Aufwand tun.

In manchen Situationen fällt es einfach schwer, Dankbarkeit zu empfinden! Sei es, weil alles schiefzulaufen scheint und wir zum Beispiel unter Trauer, Druck oder Einsamkeit stark leiden; sei es, weil jemand gestorben ist oder man eine schwere Erkrankung hat! Und manchmal mag man auch einfach nicht (mehr) sagen: „Eigentlich kann ich dankbar sein!"

Bisweilen beutelt es uns so sehr, dass man einfach mal richtig schimpfen muss. Dankbarkeit ist nie ein „Muss"! Dankbarkeit ist ein Lebensgefühl, eine Einstellung zu einem erfüllten Leben. In jedem Leben gibt es Licht und Schatten (und ganz weise Personen sagen, dass es ohne Schatten auch kein Licht gäbe!).

Und wenn ich mir vor lauter Übelkeit die „Seele aus dem Leib herausbreche", dann bin ich ganz sicher in diesem Moment nicht dankbar! Dazu wird jeder für sich genügend Beispiele finden.

Viele chronisch Kranke meinen ja auch, dass sie ihrer Krankheit dankbar seien, weil….

Ganz ehrlich: ich hätte meine Multiple Sklerose (MS) nicht gebraucht! Wirklich nicht!

Da ich aber ein absoluter Optimist bin und wirklich immer aus jeder Situation das Beste machen möchte, kann ich sagen, dass es schön ist, dass ich auf Grund meiner MS zum Beispiel viele tolle Leute kennengelernt habe, die auch zu echten engen Freunden wurden. Oder ich bin dankbar, dass ich Autorin und Bloggerin wurde: ohne die MS wäre ich vielleicht nicht auf diesen Weg gekommen und er ist definitiv erfüllend!

Wäre ich aber noch gesund, könnte ich andere Träume verfolgen… Es ist müßig, darüber nachzudenken.

Wichtig ist, dass man nicht zu sehr mit seinem Schicksal hadert, sondern es als gegeben hinnimmt. Ich kämpfe nicht gegen meine Erkrankung an – das würde mich unnötige Energie kosten, aber ich biete ihr die Stirn! Das passt zu mir, ist authentisch und passt zu meiner Lebensphilosophie!

Aber, auch hier habe ich die Wahl: „Aufgeben oder alles geben!". Und klar, ich wähle „Alles geben!"! Und dabei genieße ich auch die Vorteile, die sich ergeben. Auf Grund bestimmter Umstände.

Ich bin mir beispielsweise sehr bewusst, dass ich Glück habe, in einem Land wie Deutschland chronisch krank zu sein und von der Krankenkasse versorgt zu werden. Lieber wäre ich gesund – aber unter den tatsächlichen Umständen bin ich dankbar, hier zu leben.

Die Vergangenheit hat allerdings zweifellos auch gezeigt, dass es immer wieder Menschen in den widrigsten Umständen gelungen ist, einen gewissen Optimismus und eine besondere Lebens-Haltung der Dankbarkeit auf die Beine zu stellen. Oft sogar für das wirklich Wenige, das ihnen unter Umständen nur noch blieb! Diese Fähigkeit ist wie schon beschrieben, auch eng mit der „Resilienz" verbunden. (Zur Resilienz habe ich auf meinem Blog einige Artikel geschrieben, die Sie unter der Suchfunktion auf der Homepage finden können).

Wenn man versucht, immer noch den Silberstreifen am Horizont zu erkennen und bei Regen-Sonne-Gemisch den Regenbogen zu bewundern, dann lebt man ein Stück der Dankbarkeit, weil man sich trotz des unschönen Wetters, über den wunderschönen Regenbogen freuen kann.

Sich selbst gut zu reflektieren, ist ebenfalls ein wichtiger Baustein im Training zur Dankbarkeit. Die eigenen Gedanken zu hinterfragen ist ein guter erster Schritt. Das sogenannte „STOP-Wort" sofort laut zu sagen (oder zu denken), wenn wieder einmal unheilvolle Gedanken aufkommen oder man sich in einem Gedanken-Karussell befindet. Stopp! Unterbrechung der negativen Gedankenspirale!

Man kann sich auch fragen, für welche Lektion (oder für welchen Hinweis, für welche verborgene Möglichkeit) man in Hinblick auf seine Zukunftsgestaltung man hier gerade dankbar sein könnte. Oder man fragt sich, was trotzdem gut an der momentanen Konstellation ist. Eine therapeutische Frage hilft auch immer: „Was ist das Schlimmste, das Dir passieren könnte?"! Das macht sofort klar, dass im Allgemeinen diese Lage gar nicht so verrannt ist! Auch die Frage, „Was bleibt mir immer noch, auch wenn ich etwas anderes verloren habe?" hat ihre Berechtigung. Das Besondere an diesen Gedankengängen ist, dass man nicht VERLEUGNET oder verdrängt, was gerade nicht gut läuft, sondern dass man hinschaut und an einer Lösung interessiert ist. Lösungen finden, Handeln... Das sind wertvolle Bausteine auf dem Weg zur gelebten Dankbarkeit!

Es lohnt sich also wirklich, wenn wir versuchen, neue Rituale für die Dankbarkeit zu erlernen und zu integrieren!

„Nicht die Glücklichen sind dankbar.
Es sind die Dankbaren, die glücklich sind."
-Francis Bacon-

Wer dankbar ist, hat mehr Platz für
Glück, Gelassenheit & Zufriedenheit

Wofür ich heute gerade dankbar bin:

Beispiele – Sie können sich aufschreiben, für was Sie dankbar sind.

- Für meine wundervolle Familie und meinen Seelenhund
- Dem Universum, dass ich mir keine Sorgen um grundlegende Dinge wie Essen, Kleidung, Wärme und so weiter machen muss
- Dem Universum, dass es mir einen so wunderbaren Partner geschenkt hat
- Dem Universum, dass ich einen Beruf ausüben darf, der mir große Freude bereitet
- Dem Universum für all die Unterstützung, die ich bekomme, wenn ich welche brauche
- Dass ich Dankbarkeit empfinden kann und lebe
- Dass ich heute die Kraft hatte, an meinem Manuskript weiterzuschreiben
- Für einige sehr liebevolle Textnachrichten
- Dass ich es geschafft habe, meine Schmerzen als gegeben hinzunehmen
- Für die Liebe und die Fülle in meinem Leben

Wertschätzung

*„Manchmal müssen wir etwas verlieren,
um seinen Wert richtig schätzen zu lernen!"*

So weit sollte es aber gar nicht erst kommen und doch kennen wir solche eine Situation gut, vor allem, wenn wir chronisch krank sind: denn hier haben wir bitter erfahren müssen, wie wertvoll Gesundheit ist, die man oft allzu selbstverständlich hinnimmt.

Wenn es uns gut geht - körperlich und seelisch - dann nehmen wir diesen Zustand meist recht gedankenlos und als gegeben hin. Sobald sich etwas verändert horchen wir auf.

Als chronisch Kranker wird es auch jeder kennen, dass man sich manchmal über seine gesunden Mitmenschen aufregt, wenn sie wegen eines Schnupfens völlig außer sich geraten. Wenn man aber bedenkt, dass sie ansonsten keine gesundheitlichen Probleme haben, stellt dieser Ausnahmezustand, und sei er noch so geringfügig, für sie tatsächlich eine „Bedrohung" dar, etwas, was außerhalb ihrer Norm liegt. Dies nimmt dann auch eine große Wichtigkeit ein, die uns mit einer schweren und/oder unheilbaren Erkrankung als lächerlich erscheinen mag. Ich möchte hier nicht werten, aber ich kann feststellen, dass die meisten chronisch Kranken, die ich kenne, kaum noch über eine Erkältung jammern (es sei denn, sie verschlechtert ihren ursprünglich kranken/beeinträchtigten Zustand noch dazu oder es geht eine Gefahr von dieser aus, da sie das gestörte Immunsystem beispielsweise noch mehr angreift). Chronisch Kranke haben sich in der Regel eine andere *HALTUNG* zu den Dingen zugelegt. Die Wertschätzung hat sich verändert. Ein schwer Krebskranker wäre froh, wenn er „nur" eine Erkältung oder einen Bänderriss hätte.

Wenn wir uns alle also bewusst machen, wie „reich" wir an Gesundheit sind, oder dass es uns womöglich hätte noch schlimmer treffen können, dann steigern wir unser Wohlbefinden, das zum Erlangen einer echten und tiefen Dankbarkeit so notwendig ist. Umgekehrt schätzen wir „Reichtum" auch umso mehr und gehen sorgsamer und achtsamer damit um.

Ein ganz anderes Beispiel: Mein Sohn war ein sogenanntes „Schreibaby" und hat mich um Schlaf und Nerven gebracht – es war wirklich schrecklich und ich war nicht nur verzweifelt, sondern auch wütend und habe mich gefragt, warum mir das „mal wieder passiert"! Bis mir bei einem Besuch einer lieben Freundin Folgendes klar wurde: sie versuchte seit vielen Jahren ein Baby zu bekommen, musste sich damals vielen medizinischen Untersuchungen unterziehen – ihr Mann ebenfalls und sie konnten keine Kinder bekommen. Meine Wertschätzung änderte sich: was hatte ich ein Glück, ohne Probleme ein Kind bekommen zu haben!!! Und was wäre diese Freundin froh um ein „Schreikind" gewesen. Tatsächlich konnte ich das Ganze von diesem

Moment an etwas lockerer betrachten – und wen wundert es: mein Kind auch! ☺

Wie hier im Buch schon beschrieben kommt es ganz oft auch auf die innere Einstellung an. Diese kann unsere Gedanken und auch Handlungen formen und beeinflussen. Oft liegt es an UNS SELBST, diese ins Positive zu verwandeln.

Deshalb ist es so wichtig, sich immer wieder vor Augen zu führen, welche „Schätze" man in seinem Leben hat, welches Glück, welche „Reichtümer" und wie privilegiert wir sind, diese besitzen zu können.

Dankbarkeit zu fühlen und sie nicht auszudrücken,
ist wie ein Geschenk zu verpacken
und es nicht zu verschenken.
-William Arthur Ward-

Gefühle (Emotionen) sind vielfältig und manche sind nicht miteinander vereinbar – sie stören sich sozusagen. Um diesem Gefühls-Wirrwarr auf die Spur zu kommen und es „sortieren" zu können, um dann wiederum Dankbarkeit wirklich und ECHT fühlen, spüren und geben zu können, müssen wir das Wort mal genauer betrachten.

Gefühl / Fühlen bezeichnet:

- Gemüt als Sammelbezeichnung für Gefühlsmodalitäten
- Fühlen (Psychologie) als eine psychologische Grundfunktion
- Emotion als psychologisches Phänomen
- Intuition im Sinne einer Eingebung
- Kompetenz (Psychologie) als eine fühlende Fähigkeit
- Sensibilität (Medizin) als das Fühlen im Allgemeinen

Das Wort Emotion benennt ein Gefühl, eine Gemütsbewegung und seelische Erregung. (Unter anderem: bewegen, erregen, herausbewegen, emporwühlen). Interessant in Bezug auf die Dankbarkeit ist auch, dass Emotionen eine Gemütsbewegung im Sinne eines Affektes sind. Der Affekt ist eine besondere Qualität des Fühlens, der damit dem Leib-Seele-Problem Ausdruck verleiht. Sie ist ein psychophysiologisches, auch psychisches Phänomen, das durch die bewusste oder unbewusste Wahrnehmung eines Ereignisses oder einer Situation ausgelöst wird. Das Wahrnehmen geht einher mit physiologischen Veränderungen, spezifischen Kognitionen, subjektivem Gefühlserleben und reaktivem Sozialverhalten.

Die Emotion oder der Affekt ist vom Fühlen oder dem Gefühl zu unterscheiden. So erfassen die Begriffe des Fühlens oder des Gefühls die unterschiedlichsten psychischen Erfahrungen und Reaktionen die sich beschreiben und damit auch versprachlichen lassen, wie unter anderem Angst, Ärger, Komik, Ironie sowie Mitleid, Eifersucht, Furcht, Freude und Liebe. (Wikipedia.de)

Somit ist „Emotionalität" ein Sammelbegriff für individuelle Eigenarten des Gefühlslebens, der Affektsteuerung und des Umgangs mit einer Gemütsbewegung.

Wenn wir also Gefühle wie Angst, Ärger und Freude empfinden können, müsste es uns eigentlich nicht schwerfallen, auch Dankbarkeit zu spüren. Aber es ist komplex, denn wir können uns beispielsweise nicht gleichzeitig wütend und glücklich fühlen. Dankbarkeit ist deshalb ein effektives Gegenmittel für negative Gefühle wie zum Beispiel Ärger, Neid, Feindseligkeit, Ängste und Sorgen. Deshalb ist es so wichtig, möglichst viele Gelegenheiten und Möglichkeiten für das Gefühl der Dankbarkeit im Alltag zu finden und auch anzunehmen. Denn unabhängig davon, ob wir einem anderen Menschen dankbar sind (oder auch dem Schicksal oder einer höheren Macht), ist die Wirkung immer positiv: Nach neueren Forschungen sind dankbare Menschen insgesamt glücklicher, optimistischer, hilfsbereiter, einfühlsamer und gegebenenfalls auch religiöser oder spiritueller.

Dankbarkeit ist also eine Emotion, die mit der „Reflektion über etwas Gutes" verbunden ist und drauffolgend dann mit der Anerkennung, wer oder was dafür „verantwortlich" war.

Dankbarkeit kann eine Menge an somatischen Reaktionen auslösen, wie ein warmes Gefühl im Bauch, Rotwerden, Schmetterlinge im Bauch und Vieles mehr.

Und Forschungen haben ganz eindeutig ergeben, dass unter den Teilnehmern einer Studie die „Dankbarkeitsgruppe" optimistischer und zufriedener mit ihrem Leben waren, als die „Gegengruppe", die sich mehr auf das Negative besinnen sollte. Noch dazu erlebten sich die Teilnehmer der positiven Gruppe als gesünder.

In einer weiteren Untersuchung mit Erwachsenen, die unter chronischen Krankheiten litten, und ebenfalls sogenannte „Dankbarkeits-Tage" einführten, zeigte sich ein ähnlicher Effekt: Die Teilnehmer der Dankbarkeitsgruppe erlebten nicht nur mehr positive Gefühle (Interesse, Begeisterung, Freude, Stolz), sondern sie fühlten sich sozial verbundener und schliefen besser.

(Quelle: http://positivepsychologie.eu/Vortraege/Dankbarkeit-als-Weg-zum-persoenlichen-Glueck/ © Daniela Blickhan 2013)

Also scheint es auf Grund vielfältiger Studienergebnisse, dass Dankbarkeit also wesentlich zum Wohlbefinden und zur Gesundheit beiträgt.

Wie im Kapitel „Dankbarkeit als Weg / Rituale" beschrieben, muss man aber im Training bleiben, damit sich das Gefühl der Dankbarkeit nicht wieder verflüchtigt. Der ebenfalls im Buch empfohlene positive Tagesrückblick wird in allen Berichten, die man zum Thema Dankbarkeit findet, immer wieder als tägliches Abendritual empfohlen. Denn allein schon deshalb, da Sie damit Ihre Wahrnehmung schon tagsüber auf die Wahrnehmung positiver Ereignisse ausrichten und sich darauf freuen, sich am Abend in Ihrem Tagesrückblick daran zu erinnern! Das Schöne daran ist: Man profitiert gleich zweimal von dem tollen Erlebnis. ☺

Die Schlussfolgerung daraus ist, dass dankbare Menschen positive Erfahrungen mehr genießen können (das ist wirklich lernbar!) und sie erleben weniger negative Gefühle wie Ärger, Eifersucht oder Missgunst.

Ein Dankbarer wird immer ein besseres Selbstwertgefühl besitzen und sich aneignen können, denn er wird sicher im Umgang mit seinen eigenen oft auch widersprüchlichen Emotionen und auch im Umgang mit anderen Menschen. Das stärkt ihn und er kann leichter mit Belastungen und Stress-Situationen umgehen. Nicht zuletzt auch deshalb, weil er in schwierigen Situationen die Gabe hat, immer noch das Beste daraus zu machen. Daraus resultiert, dass man sich hilfsbereiter verhält und das wiederum stärkt dann sogar maßgeblich die sozialen Beziehungen.

Sich seinen Emotionen bewusst zu werden, sie anzunehmen (wertfrei!), sie zu analysieren und zu sortieren - das hilft, den Weg zur Dankbarkeit weniger holprig zu gestalten und am inneren Kind, am Staunen und der Begeisterungsfähigkeit dieses Kindes wieder anzudocken und es auszuleben.

Psychosomatik und Dankbarkeit

Wer tiefe Gefühle kennt, weiß auch um die Verbindung zwischen Körper, Seele und Geist.

Vor Freude die Welt umarmen zu können; Schmetterlinge im Bauch zu haben vor Verliebtsein und Aufregung; Hitzewallungen bei Anspannungen; den „Stein im Magen" bei Angst; Herzklopfen, Schwitzen, Zittern ... eine unendliche Palette...!

Es ist eine Form der Persönlichkeit, wie man auf manche Dinge reagiert. Der eine reagiert stärker, der andere schwächer – ein nächster ist völlig entspannt. Es gibt die stillen Genießer und die lebendigen Genießer.

Bei dem Gefühl der Dankbarkeit verhält es sich ebenso. Manchmal genießt man sie still, ein anderes Mal möchte man die Welt umarmen.

Auf jeden Fall tun solch positive Emotionen dem Körper und der Seele gut – allein deshalb lohnt es sich schon, sich in Dankbarkeit zu üben. Wer fröhlich ist und viel lacht ist weniger anfällig für Traurigkeit; wer gelassen ist, wird sich nicht so schnell aufregen. Wer dankbar ist, weiß das Gute in seinem Leben mehr zu schätzen und wird weniger unzufrieden sein: das dankt uns unser Körper, indem er mehr im Fluss bleiben kann, seine Organe besser funktionieren und die Seele eher in Balance bleibt - Selbstheilungskräfte werden so automatisch mobilisiert.

Wenn man schätzt, was man besitzt, ist man automatisch glücklicher und zufriedener. Dass sich dabei die Dankbarkeit von alleine einstellen kann, liegt auf der Hand.

Unzufriedene Menschen haben eher Magengeschwüre, Stress-Symptome, Schmerzen und Vieles mehr.

Sokrates wusste schon damals: *"Das Glück ist schon da. Es ist in uns. Wir haben es nur vergessen und müssen uns lediglich wieder daran erinnern."*

Wer es schafft, im Alltäglichen das Wunderbare zu sehen, wird seinem Körper zu einem inneren Gleichgewicht verhelfen und dieser wird es uns danken. Denn dann brauchen wir auch keine unnötigen Energiereserven, um mit Sensationen und scheinbaren Wichtigkeiten unser Leben zu „bereichern" – das löst nämlich Druck und Unzufriedenheit aus, weil wir nur hetzen: wir hetzen dem scheinbaren Glück hinterher und verlieren uns im Strudel des „Haben-Wollens"! Unser Körper versucht uns dann mit eindeutigen Symptomen wie erhöhtem Herzschlag zu warnen, aber diese schlagen wir oft in den Wind. Deshalb ist es wichtig, sowohl auf unseren Körper zu hören und immer wieder innezuhalten, in uns zu spüren, den Druck herauszunehmen und uns aufsagen, was wir doch tatsächlich im Hier und Jetzt an wundervollen Reichtümern besitzen – welches Glück wir haben. Dann können wir auch dankbar sein. In Ruhe und in Frieden mit uns selbst.

Vielleicht haben Sie diesen Ausdruck schon gehört oder aufgeschnappt oder in einer psychotherapeutischen Behandlung bearbeitet.

Da das Innere Kind sehr in uns verankert ist und somit Auswirkungen auf unsere Psyche und somit auch auf unser Handeln und Fühlen hat, möchte ich ihm hier eine kleine Aufmerksamkeit widmen:

Angelehnt an Wikipedia.de erklärt sich das so: Das „Innere Kind" gehört zu einer modellhaften Betrachtungsweise innerer Erlebniswelten, die durch Bücher von John Bradshaw und Erika Chopich/ Margaret Paul bekannt wurden. Es bezeichnet und symbolisiert die im Gehirn gespeicherten Gefühle, Erinnerungen und Erfahrungen aus der eigenen Kindheit. Hierzu gehört das ganze Spektrum intensiver Gefühle wie unbändige Freude, abgrundtiefer Schmerz, Glück und Traurigkeit, Intuition und Neugierde, Gefühle von Verlassenheit, Angst oder Wut. Das Innere Kind umfasst alles innerhalb des Bereiches von Sein, Fühlen und Erleben, welches speziellen Gehirnarealen zugeordnet wird Die Arbeit mit dem Inneren Kind funktioniert nach dem Prinzip der beabsichtigten, bewussten, therapeutischen Ich-Spaltung zwischen dem beobachtenden, reflektierenden inneren Erwachsenen-Ich und dem erlebenden Inneren Kind.

In der modellhaften Vorstellung eines Inneren Kindes, die in der psychotherapeutischen Arbeit eingesetzt wird, „übersetzen" die genannten Autoren tiefenpsychologische und psychoanalytische theoretische Annahmen in eine für den interessierten Laien verständliche

Sprache. Sie bietet eine verständliche, nachvollziehbare und handhabbare Beschreibung innerer Prozesse, welche dem Leser ermöglicht, tiefenpsychologische Erkenntnisse in gewissem Maße für sich selbst zu nutzen. Die Vorstellung des „Inneren Kindes" wird je nach Therapieform mit unterschiedlichen anderen inneren Elementen verbunden wie beispielsweise: „Innerer Erwachsener", „Innerer Regisseur", „Hilfreiche Wesen", „guter, sicherer Ort". Gemeinsames Ziel dieser Ansätze ist es, seelische Wunden aus der Vergangenheit und Gegenwart zu heilen, falsche oder dysfunktionale Glaubens- und Lebensmuster zu erkennen, Probleme selbstverantwortlich und selbstkompetent zu lösen sowie liebevollen Umgang mit sich selbst und anderen zu bewirken.

Ganz nach dem Satz von (u.a.) Erich Kästner: „Es ist nie zu spät für eine glückliche Kindheit", wird angestrebt, auf der einen Seite positives Erleben aus der Kindheit ins Bewusstsein zu heben und damit als Ressource nutzbar zu machen und auf der anderen Seite im „Hier und Jetzt" die emotionale Zuwendung, die in der Kindheit gefehlt hatte, sich selbst eigenständig zu geben und psychische Verletzungen aus der Kindheit zu heilen.

Man nimmt an, dass sowohl positive als auch negative frühkindliche Erfahrungen im Gehirn gespeichert sind und unter bestimmten Bedingungen dem Bewusstsein zugänglich und damit wieder erlebbar werden. Danach können positive Erfahrungen, wie kindliche Neugier, Begeisterungsfähigkeit, Staunen, Lebendigkeit, Spontaneität oder die Fähigkeit, ganz in der Gegenwart zu sein oder auch negative Erfahrungen, wie die kindliche Verwundbarkeit und kindliche Ängste vor Verletzungen und Zurückweisung, erlebbar werden. Es wird angenommen, dass die Sehnsucht nach Liebe und Anerkennung und danach, bedingungslos angenommen zu werden, Ausdruck frühkindlicher Grundbedürfnisse ist.

Das heißt auch, dass eventuelle Entwertung, die man als Kind erfahren musste, so verletzend war, dass man in seinem Selbstwertgefühl beschädigt wurde und dann als Erwachsener ein unangemessen großes Verlangen nach Zuwendung durch andere Menschen entwickelt und so weiter.

Wenn also das Kind in der Vergangenheit viel Schmerz oder Traumatisierungen erlebt hat, wird es möglicherweise vom inneren

Erwachsenen abgetrennt. Der Erwachsene wiederum möchte sich damit davor schützen, den Schmerz des Kindes zu fühlen und lehnt es ab, die Verantwortung für es zu übernehmen. Er möchte die eigene Hilflosigkeit und „Ausgeliefertsein" nicht spüren oder er fühlt sich überfordert das Kind zu versorgen. So haben viele Menschen beim Heranwachsen gelernt, den Zugang zu ihrem *Inneren Kind* zu drosseln oder abzuschneiden - um bestimmte Gefühle zu verdrängen.

> ➢ Das Problem entsteht, da es nicht möglich ist, nur die schlimmen Gefühle auszuklammern, sondern gleichzeitig der Zugang zu den positiven Gefühlen versperrt wird.

Das sich als solches empfundene „ungeliebte Kind" lebt in der ständigen Erwartung zurückgewiesen zu werden und projiziert diese Erwartung auf andere Menschen. So kann beispielsweise geringfügige Kritik durch den Partner panische Angst auslösen, weil das Innere Kind diese Kritik mit altbekannten Gefühlen von Angst vor Strafe und Zurückweisung verbindet, und eine an sich harmlose Situation kann unangemessen eskalieren.

> ➢ Der „lieblose Erwachsene", der das Kind nicht annimmt, verhält sich so, wie seine Eltern oder andere Bezugspersonen ihn geprägt haben. Er handelt nach falschen Glaubensmustern/Widerstandsmustern zum Inneren Kind.

Beispiele:

- Ich kann mich selbst nicht glücklich machen, andere können das besser als ich.
- Andere sind für meine Gefühle verantwortlich, und ich bin für ihre verantwortlich.
- Ich wäre egoistisch und falsch, wenn ich mich selbst glücklich machte.
- Im Grunde meines Wesens bin ich schlecht.
- Am besten ist es, Bedürfnisse nach Liebe und Zuwendung wegzuschieben.

Wenn man dies alles liest wird bewusst, wie komplex unser Innenleben ist, welch unterschiedlichen Emotionen wir ausgeliefert sind und was wir so „ganz nebenbei" oft automatisch ausgleichen. Aber dies macht ebenfalls deutlich, dass eine „Störung" oder ein Problem im Emotionen-Haushalt durchaus den Weg zur beispielsweise „Dankbarkeit" versperren kann. Aus diesem Grund beleuchte ich auch diese wichtigen Themen. Wer meine Bücher „Die Reise zum Glück" und „Hoffnung" kennt, der weiß, dass ich solche Themen immer als Basis Informationen aufbaue, um ganz deutlich zu machen, dass wir tatsächlich einen Weg gegen müssen und uns nicht alles entgegen geflogen kommt. Der Weg ist das Ziel und das eigentlich angestrebte Ziel, wie „Glück", „Hoffnung" und „Dankbarkeit" findet man auf diesem Weg. ☺

Das Ziel einer Therapie wäre dann, eine liebevolle innere Verbindung zwischen dem Inneren Kind und dem liebevollen Erwachsenen herzustellen, um (wieder) Zugang zu den tiefen Quellen der Freude, Wahrnehmung und Intuition zu erlangen. Dafür ist es notwendig, dass der innere Erwachsene sich dafür entscheidet, das Kind anzunehmen und sich mit seiner „inneren Wahrheit" zu verbinden. Sie ist für den Erwachsenen eine Orientierung dabei, die falschen Glaubensmuster zu beseitigen und bessere Glaubenssätze zu finden, nach denen er leben möchte. Wenn das Innere Kind angenommen wird, können solche guten Glaubenssätze heißen:

- Ich bin selbst verantwortlich für mein Glück.
- Ich bin bereit, meine Gefühle wahrzunehmen und anzunehmen.
- Ich bin offen für Neues und Veränderungen in meinem Leben.
- Ich bin stark genug, für mich selbst zu sorgen und für mein Wohlgefühl die Verantwortung zu übernehmen.
- Ich darf neugierig und verspielt, albern und spontan, lebendig und sensibel sein.
- Ich darf aber auch zornig und traurig sein, denn durch meine Selbstliebe erkenne ich, dass alle Gefühle wichtige Teile meiner selbst sind.

Mit der Übernahme der Selbstverantwortung wird der Mensch mehr und mehr unabhängig von der Meinung und dem Wohlwollen anderer, was nicht bedeutet, dass er sich über Zuwendung anderer nicht mehr freut. Jedoch erkennt er, dass er weder körperlich noch seelisch umkommt, wenn eine Lebenssituation es nötig macht, dass er für sein Wohlergehen selbst sorgen muss und mit sich und der Welt im Einklang stehen kann.

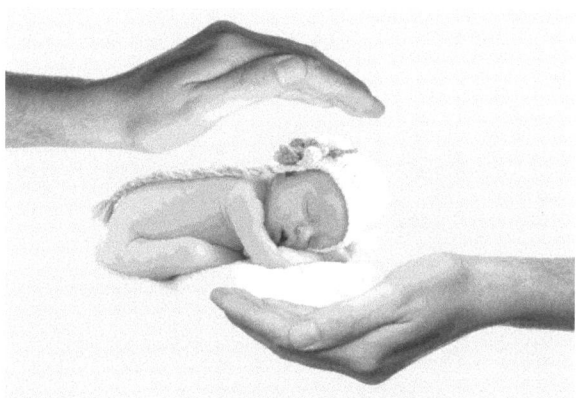

Ich möchte hier keinen Therapieplan erstellen, den ich ja auch nur durch meine Recherchen finde (und es vor allem dafür speziell ausgebildete Therapeuten gibt), sondern mir ist es wichtig, Ihnen als Leser einfach nur zu verdeutlichen, was es für Handwerkszeuge braucht, um sich auf den Weg zu einem erfüllten Leben zu machen. Mit der Übernahme der Selbstverantwortung wird man immer unabhängiger von der Meinung und dem Wohlwollen anderer. Das ist schon einmal eine wichtige Voraussetzung zum selbstbestimmten Leben. Trotzdem darf man sich natürlich über jegliche Form Zuwendung anderer freuen und dafür auch bewusst dankbar sein.

✓ WICHTIG: Die Arbeit mit dem Inneren Kind ist eine Form der aufdeckenden Psychotherapie. Sie setzt eine gewisse Stabilität des Patienten zur Bearbeitung voraus und sollte nur mit Begleitung durch einen ausgebildeten Psychotherapeuten im geschützten therapeutischen Rahmen durchgeführt werden.

Da ich hier so oft den „Selbstwert" zitiere, möchte ich ein paar Anmerkungen beifügen.

Unter Selbstwert (auch: Selbstwertgefühl, Selbstwertschätzung, Selbstachtung, Selbstvertrauen, oder unpräziser: Selbstbewusstsein, Eigenwert, umgangssprachlich auch Ego) versteht die Psychologie die Bewertung, die man von sich selbst hat. Das kann sich auf die Persönlichkeit und die Fähigkeiten des Individuums, die Erinnerungen an die Vergangenheit und das Ich-Empfinden oder auf das Selbstempfinden beziehen.

Äußere Faktoren können das Selbstvertrauen prägen, wenn bei bestimmten Anforderungen hinreichend objektive Gründe gegeben sind.

Selbstwertgefühl resultiert aus dem Vergleich der vermeintlichen subjektiven Fähigkeiten mit den Anforderungen, mit denen sich die Persönlichkeit konfrontiert sieht. Ein hohes Selbstvertrauen gegenüber Anforderungen zeigt sich, wenn vorausschauend eingeschätzt wird, dass diese Situation gut gemeistert werden kann.

Der Grad des Selbstvertrauens hängt meist von der unterschiedlichen Befähigung für bestimmte Tätigkeiten ab und ist zeitlichen Änderungen (etwa durch Emotionen oder Müdigkeit) unterworfen.

Ein zu hohes Selbstwertgefühl muss jedoch keineswegs günstig sein und kann sich zu Überheblichkeit entwickeln, was bei anderen schnell eine Antipathie hervorruft.

Sechs Säulen des Selbstwertgefühls

Neben den im Laufe der Entwicklung wichtigen Faktoren zu einem gesunden Selbstwertgefühl, nennt der Psychologe Nathaniel Branden die folgenden Bedingungen, die „die sechs Säulen des Selbstwertgefühls" bilden:

1. Bewusstes Leben
2. Selbstannahme
3. Eigenverantwortliches Leben
4. Selbstsicheres Behaupten der eigenen Person
5. Zielgerichtetes Leben
6. Persönliche Integrität

Authentische Selbstsicherheit und Selbstwertgefühl sind nach der Meinung Brandens in einem positiven Ansatz weitgehend abgekoppelt von der Rückmeldung eines Gegenübers. (angelehnt an Wikipedia.de)

Wenn man diese Erklärung liest, wird deutlich, dass ein gesunder Selbstwert als Fundament im Leben an sich und vor allem zum Erlangen eines erfüllten Lebens, gekoppelt mit Dankbarkeit, notwendig ist. Menschen, denen all diese Eigenschaften fehlen (oder die einen übersteigerten selbstwert haben), können niemals eine wirkliche Balance im Leben finden – das heißt ihr inneres Gleichgewicht funktioniert dann ebenso wenig, wie das „Äußere" und all ihr Handeln wird sich dementsprechend ausrichten.

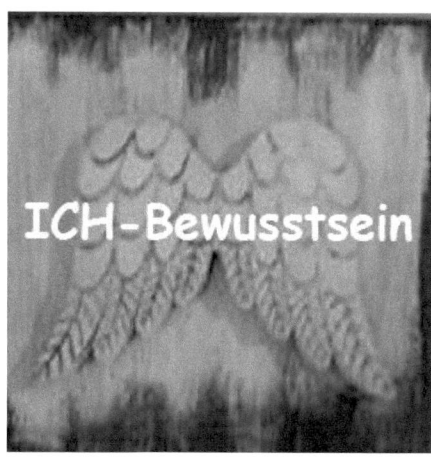

Die Prozesse des Denkens und Dankens liegen nah beieinander, wenn es sich um das Bewusstmachen dreht. Denn Danken setzt ein gesundes Ich-Bewusstsein voraus – gekoppelt mit der Fähigkeit, das Schöne zu erkennen. In einer Krise ist das wiederum schwere Arbeit und doch ist für Viele dies die einzige Chance, den Lebensmut nicht zu verlieren.

Wir müssen uns immer wieder klar darüber werden, dass es uns noch besser gehen würde, wenn wir insgesamt dankbarer wären. Wir würden unsere Art zu leben mehr zu schätzen wissen und wir würden sie bewusster genießen können. Wir wären achtsamer und somit bewusster, was uns mehr Befriedigung verschaffen würde. Wir wären somit auch deutlich weniger neidisch und missgünstig, denn wir könnten anerkennen, ohne Wertung, dass andere etwas besser können als wir. Ein Traum?

Immerhin wird hier klar, dass es ohne Dankbarkeit kein gesundes Miteinander gäbe. Denn eine funktionierende Dankbarkeit ist nun mal ein Geben und Nehmen im Beziehungsgeflecht. Denn sie entsteht aus dem guten Gefühl, dass jemand etwas für uns getan hat und umgekehrt. Somit ist sie auch die Voraussetzung dafür, dass wir etwas für andere tun. Ohne Dankbarkeit kommen wir einfach nicht weiter.

Wenn wir etwaige Schwierigkeiten als „Herausforderungen" und nicht als „PROBLEM" betrachten, entstehen im Belohnungszentrum des Hirns positive Gefühle. Der für Belohnung zuständige Hirnbereich erweitert sich und man empfindet immer öfter Gefühle der Leichtigkeit. Dazu zählt beispielsweise auch, dass man Menschen, die einem nicht so wohlgesonnen sind, mit einem Lächeln begrüßen könnte – das wird sie überraschen, aber vielleicht empfinden sie dann Dankbarkeit, die wiederum bei Ihnen landet.

Innere Zufriedenheit steht in engem Zusammenhang mit Dankbarkeit, denn Dankbarkeitsgefühle verstärken Emotionen wie Freude und Gelassenheit, Zuversicht und Hoffnung.

Wenn man dankbar für alles in seinem Leben ist, liegt der Fokus nicht mehr auf dem, was uns vermeintlich fehlt, sondern wir können uns auf das konzentrieren, was wir haben. Wenn man sich weniger Sorgen darüber macht, was fehlt, fühlt man sich auch deutlich ausgeglichener, zufriedener, glücklicher und somit stellt sich Dankbarkeit ein.

Es ist wichtig zu lernen, dass man sich seiner eigenen Bedürfnisse gewahr wird und sich Zeit für diese nimmt. Anderen Menschen Wertschätzung entgegen zu bringen und zu lernen, mehr den Augenblick zu genießen und somit mehr im Hier und Jetzt zu leben, hilft dabei Dankbarkeit zu spüren, zu empfinden und auch weitergeben zu können. Dies ist der Schlüssel für mehr Lebensfreude, Glück und Erfolg. Dies sind Attribute, die sich ein Jeder wünscht, oder? ☺

> Dankbarkeit stärkt unsere Persönlichkeit
> und kann lebensverändernd sein.

Danke sagen können

Sich zu bedanken ist mehr als nur eine Höflichkeit und Anstand. Einerseits gehört es sich einfach, wenn man etwas bekommt (sei es ein Geschenk, oder ein liebes Kompliment), sich dafür zu bedanken und andererseits bedeutet es auch immer Anerkennung dessen, was ein anderer für uns tut. Wir schätzen es in diesem Moment als WERT und somit auch die Person an sich! Dies ist eine wundervolle zwischenmenschliche Interaktion, die Türen öffnet, Brücken baut und verbindet.

Und es geht ja nicht nur um die materiellen Dinge, für die wir uns bedanken möchten, sondern auch für einen Rat, für eine Umarmung, für Zuneigung, Dasein, Hilfe und Unterstützung.

Wir alle kennen es auch, dass es Menschen gibt, die schwer Danke sagen können und uns das auch schon verletzt hat. Wir wissen zwar, dass wir prinzipiell kein „Danke" erwarten sollten und bestenfalls tun wir etwas Gutes auch nicht, um einen Dank zu erhalten, aber schön ist es doch – das kleine Wörtchen „DANKE".

Manche Menschen haben das „Danken" entweder als Kind nie gelernt und auch später im Erwachsenenalter nie vorgelebt bekommen. Dass man eine Gegenleistung einfach einmal mit einem Dankeschön würdigt, ist ihnen vielleicht fremd. Andere wiederum finden jegliche Form der Unterstützung als „selbstverständlich" (diese Personen nehmen sich selbst sehr wichtig und glauben, sie hätten ein Anrecht darauf, dass man für sie etwas tut!), oder aber sie fühlen sich ständig und immer wieder schwer benachteiligt und „haben es verdient", endlich mal gelobt zu werden und ein Danke zu erhalten. Auch gibt es diese Menschen, die entweder wenig empathisch durch ihr Leben gehen und auch eine gewisse Gedankenlosigkeit ihr Eigen nennen… Das allerdings hat leider auch mit Wertschätzung, beziehungsweise mangelnder Wertschätzung zu tun. Die Palette, warum Menschen nicht danken können, ist groß und unterschiedlich.

Im Umkehrschluss gibt es die äußerst überschwänglichen „Danksager", was auch sehr unangenehm sein kann. Auch hierfür gibt es viele Beweggründe, die von „sich selbst überaus wichtig nehmen, auf sich aufmerksam machen wollen, über zu starke Empathie („Oh je, was der Andere nun auf sich nehmen musste!!!"), bis hin dazu, dass sie andere mit ihrer eigenen über die Maßen zur Schau gestellten Dankbarkeit ermutigen wollen, ihnen in Zukunft wieder helfen zu dürfen. (Dies könnte auch eine Form des „Erkaufens" einer Freundschaft sein.).

Wie immer ist es die gesunde Mischung, die ein authentisches „Dankeschön" ausmacht. Sicherlich spielt es auch immer eine Rolle, in welcher Beziehung man in dem Moment des Dankens zueinandersteht, oder auch, welche Gegenreaktion man befürchtet. Wenn jemand beim kleinsten Dank schon in Tränen ausbricht, wird mein Dank ihm gegenüber immer etwas sparsamer ausfallen – aus Angst, die nächste unkontrollierbare Tränenflut auszulösen – und umgekehrt.

Danken ist prinzipiell etwas Wundervolles und erleichtert jede Konversation und auch den Start in jede Beziehung. Dank kann sehr viel Positives für das Zusammenleben jeglicher Art sein. Wenn man zu Besuch ist und dem Gastgeber gleich zu Beginn schon für die Einladung dankt, ist das Gespräch automatisch im Fluss. Wenn man Kollegen dankt, baut man automatisch eine Beziehung auf, denn an den Dank wird sich der Kollege immer mal wieder (unbewusst) erinnern – und zwar positiv. Es wird schnell kritisiert, gemeckert und gemotzt. Ein Lob und ein aufrichtiges Danke fallen in solch einem Klima schnell positiv auf und bleiben haften. Wir signalisieren unserem Gegenüber damit, dass wir sein Verhalten, seinen Einsatz nicht für selbstverständlich halten – wir würdigen ihn in diesem Moment – und wir bestärken ihn damit natürlich auch (DAS sollte man niemals in böswilliger Absicht ausführen!). Im besten Fall fühlt sich unser Gesprächspartner ernstgenommen und das schafft Vertrauen.

Diese Vertrauensgrundlage ist ein Pfeiler des Bedankens, denn uns wird in solchen Momenten bewusst, dass es Menschen um uns herum GIBT, die es wertvoll und erachtenswert finden, FÜR UNS etwas zu tun. Allein diese positive Erfahrung tut uns gut, stärkt unser Selbsbewusstsein und auch unser Miteinander mit dem Dankes-Spender. Wir können dann auch Glück empfinden, dass man uns unterstützt. Uns kann dadurch deutlich werden, dass man uns mag, uns schätzt und wichtig genug empfindet, uns zu helfen.

Danken ist also weit mehr als ein Wort – Danken ist Inspiration, WERTvoll, sozial, vertrauensfördernd und respektvoll. ☺

Dank anzunehmen erscheint erst einmal einfach – bei genauerem Hinsehen allerdings merkt man schnell, dass es gar nicht so unbeschwert ist. Denn Dank anzunehmen heißt auch immer, dass man zu sich selbst und seiner erbrachten Leistung steht und es sich selbst WERT genug ist, dafür Lohn (=Dank) zu erhalten. Somit ist Dank Annehmen auch eng verknüpft mit dem Ich-Bewusstsein, denn hier geht es um das Selbst-Bewusstsein, um das Anerkennen der eigenen Leistung… Und der Erkenntnis, dass es auch Momente gibt, in denen es schön und sinnvoll ist, Hilfe anzunehmen – ohne, dass das eigene Selbstwertgefühl darunter leidet!!!

Prinzipiell sehnt sich jeder Mensch nach Anerkennung und Komplimenten. Warum tut man sich dann so schwer, sie selbstbewusst und locker freudig anzunehmen? Warum tut man es oft ab, so nach dem Motto: „Toll hast Du das gemacht!" – „Naja, ging so!"

Eigentlich sollte uns das Herz aufgehen (tut es innerlich auch meistens) und wir empfinden Freude, Glück und dies alles triggert an unser Selbstvertrauen an. Wenn unser Gegenüber dann auch noch jemand ist, den wir selbst sehr schätzen, bekommt solch ein Kompliment noch einmal mehr Gewicht – und womöglich kommt plötzlich so etwas wie Scham hoch, Verlegenheit, wir werden rot… Kinder sind da meist noch anders und unbedarfter. Sie strotzen vor Stolz, sie lachen und strahlen, wenn sie ein gehöriges Lob erhalten.

Wenn wir kein Lob, keinen Dank annehmen können, dann müssen wir mal wieder einen Blick auf unser Selbstvertrauen werfen und dürfen prüfen, wie es mit unserer Selbst-Achtung steht. Oft ist es nämlich so, dass wir uns selbst nicht so hoch wertschätzen und meinen, wir hätten kein Lob verdient – das heißt, wir denken womöglich noch schlecht von uns! Genauso häufig ist es uns unangenehm, so im Mittelpunkt zu stehen – aber genau da gehören wir hin, wenn wir etwas Tolles geleistet haben! Vielleicht haben wir auch Angst, wir könnten arrogant und selbstherrlich wirken (wer will schon vor „Eigenlob" stinken?). Und doch dürfen wir stolz auf unsere Leistung sein, weil wir sie vollbracht haben!!!!

Dann gibt es noch diverse Befürchtungen, die man hat. Beispielsweise vermutet man hinter einem Lob ein „Schleimen" des Gegenübers, man fühlt sich zu einer Gegenleistung verpflichtet oder der Lobende ist für uns eine unwichtige Person.

Fakt ist bei all diesen Befürchtungen, dass man sich selbst um einen schönen Moment bringt, man kann ihn nicht genießen und winkt ihn womöglich noch ab.

Typische Gegen-Reaktionen wären dann zum Beispiel, dass man direkt ein Gegenlob ausspricht, anstatt einfach mal dankend das Kompliment oder den Dank anzunehmen. Manchmal wertet man das Lob auch ab: „Das ist doch nicht der Rede wert!" – und merkt dabei nicht, dass man sich selbst dabei abwertet. Genauso verhält es sich, wenn man dann plötzlich seine Schwächen und Misserfolge erwähnt. Das ist so schade, denn man stellt damit nicht nur das Gesagte des Gegenübers in Frage, sondern auch sich selbst.

Vermutlich liegt auch das an unserer Erziehung, die uns oft suggeriert hat, man solle sich „bloß nichts darauf einbilden!", oder gar Verhaltensweisen von Menschen, die auch später noch so mit Ihnen umgegangen sind.

Das alles führt uns wieder zu der Erkenntnis, dass wir uns selbst viel mehr bewusst sein müssen und den Blick deutlich mehr auf unsere Stärken lenken müssen.

- ✓ **Wir dürfen einen Dank, ein Kompliment oder lob IMMER gerne und bereitwillig annehmen und uns darüber freuen!**

Wir respektieren damit auch die Sichtweise unseres Gegenübers, was in einem Beziehungsgeflecht – welcher Art auch immer (Liebesbeziehung, Freundschaft, Job) – immer notwendig ist, um überhaupt einen respektvollen Umgang miteinander zu pflegen. Selbst wenn wir das Gefühl haben, unser Gesprächspartner hätte es mit dem Dank aber übertrieben: annehmen darf man es trotzdem und auch gerne einmal in Ruhe darüber nachdenken.

- ✓ **Das heißt also: wenn wir uns unserer eigenen Stärken bewusst sind und es gut mit uns selbst meinen, können wir ein Kompliment und einen Dank auch als das annehmen, das es meist ist: ein aufrichtiges Lob und/oder Anerkennung einer erbrachten Leistung, eines Verhaltes und so weiter.**

Eine angemessene Reaktion wäre beispielsweise ein einfaches „Dankeschön, das freut mich!", oder wenn man es etwas verbindlicher ausdrücken möchte, kann man noch ein: „Das tut mir jetzt aber gut, schön, dass ich Dir eine Freude machen konnte/ dass es Dir gefällt!" hinterer schieben. Das ist auch für unser Gegenüber ein schönes Kompliment und eine Bestätigung.

Zusammenfassend ist also zu sagen, dass wir, sollten wir keinen Dank annehmen können, an unserer Einstellung zu uns SELBST arbeiten dürfen. Wir müssen unser Selbstwertgefühl aufbauen, denn nur wenn wir achtsam, respektvoll und würdigend mit uns selbst umgehen, können wir unserem Gesprächspartner auch GLAUBEN, dass er es mit seinem Lob/Dank ernst meint!!! Noch dazu zollen wir unserem Gesprächspartner wirklich Respekt und auch Anstand, wenn wir uns über sein freundliches Danken auch freuen und ihm somit signalisieren, dass wir ihn mit seiner Meinung achten!

Undankbar – Unglücklich

„Übersetzt" man das Wort `undankbar`, stößt man auf diese Wörter: „keinen erwartbaren Dank abstattend", „keinen den Aufwand rechtfertigenden Erfolg versprechend".

> Unglückliche Menschen sind meist auch undankbar oder können keine Dankbarkeit verspüren. Deshalb möchte ich mich diesen beiden Worten einmal annehmen.

Oft liegen die Ursachen tatsächlich in uns selbst, das heißt in unseren Einstellungen. Gründe sind häufig, dass man als Kind eher gelernt hat, die Aufmerksamkeit auf seine Fehler und Schwächen zu lenken, anstatt auf das Positive – auf die Stärken! Geprägt durch das immer noch sehr verbreitete Leistungsprinzip verlief und verläuft auch heute noch oft die Erziehung. Lob gab es nur für Gutes, „Schelte" und Kritik sofort für Defizite. So erzogen, hat ein Kind Probleme, sich selbst anzunehmen – vor allem wertfrei. Es wird im suggeriert, es sei fehlerhaft. So kann sich keine innere Zufriedenheit einstellen und „Dankbarkeit" scheint Lichtjahre entfernt, wie auf einem anderen Planeten. Oft wurde Zufriedenheit mit Anstrengung verknüpft und somit auch der Umkehrschluss, wenn etwas nicht geklappt hat: „Du hast Dich nicht genug angestrengt"! – und schon war das Kind wieder in der Spirale des Nicht-Genügen-Könnens. Das heißt, durch eine solche Erziehung wurden dem Kind nie seine Stärken bewusst, seine Aufmerksamkeit wurde nie auf das Positive, auf seine Fähigkeiten gelenkt und somit stellte sich eine generelle Unzufriedenheit ein.

Diese gilt es zu durchbrechen:

Wir müssen endlich wieder lernen, unseren Blick auf unsere STÄRKEN zu lenken. Auch hier empfiehlt es sich, ein Tagebuch zu führen, damit man es „schwarz auf weiß" vor Augen hat: Womit kann ich heute zufrieden sein? Was kann ich gut? Und dann kommt die Anschlussfrage: Kann ich dafür Dankbarkeit empfinden?

Wer aus der Undankbarkeit und der Unzufriedenheit heraus möchte, muss sicherlich hart an sich arbeiten und manchmal braucht man dazu auch professionelle Hilfe. Solche verfestigten Strukturen zu durchbrechen kann ein Unterfangen sein, das man alleine nicht bewältigen kann. Deshalb scheuen Sie sich bitte nicht, wenn Sie solche Erziehungsmethoden von sich als Kind wiedererkennen oder spüren, dass sie aus anderen Gründen unzufrieden sind, sich therapeutische Begleitung zu suchen.

Immer wieder muss man sich vor Augen halten, welche „Reichtümer" man besitzt, wie glücklich man sich für dies und jenes schätzen kann. Des Weiteren darf man seine Unzufriedenheit nicht als ein eigenes/persönliches Versagen ansehen. Das würde Richtung „Schuldzuweisung" gehen und diese ist ein fürchterlicher Wegweiser und führt garantiert in eine Abwärtsspirale. Vergleichen Sie sich auch bitte nicht mit anderen: Sie sind SIE, Sie sind gut so, wie Sie sind und wenn Sie etwas nicht so gut können, ist das absolut ok. Wenn der Nachbar etwas besser kann, machen Sie sich klar, dass Sie dafür etwas anders gut können. Und: perfekt muss niemand sein. Das ist wichtig, sich immer wieder klar zu machen. Wir sind Menschen – es gehören Fehler und Schwächen ebenso zu uns, wie unsere Stärken. Das ist LEBEN.

Undank ist gefährlich! Undank ist nicht nur unschön, sondern kann sich wirklich grausam auswirken. Schon Goethe betonte, er habe nie gesehen, „dass tüchtige Menschen undankbar gewesen wären"! Und die Geschichte gibt ihm Recht: Nicht diejenigen, die viel hatten, waren die Erfolgreichen, sondern die Dankbaren. Kein Mensch wird für künftige Erfolge dankbar sein, wenn er das nicht schon beim gegenwärtigen Vorwärtskommen sein kann. Mehr noch: Undank kann zum Karrierekiller mutieren. Damit ist nicht das fehlende „Dankeschön" gemeint, falls der Kollege einen Kaffee ausgibt oder die Tür aufhält. Bei Undank geht es um mangelnde Erkenntlichkeit. (1)

Selbst Genies und Profis sind bisweilen auf die Hilfe anderer angewiesen. Vergesslichkeit wiederum wiegt noch schwerer. Kein Mensch erwartet eine sofortige Gegenleistung für einen Gefallen. Nur wer diese Schuld vergisst, der betreibt Selbstsabotage erster Güte. Undank ist kein Kavaliersdelikt, sondern der grobe Verstoß gegen ein ehernes Berufsgesetz: Eine Hand wäscht die andere. (http://karrierebibel.de)

Erkenntlichkeit: zum Ausdruck gebrachte Dankbarkeit / Gabe oder Gefälligkeit, durch die man seine Dankbarkeit zum Ausdruck bringt

Es gibt auf der Welt kaum ein schöneres Übermaß als das der Dankbarkeit.
-Jean de La Bruyère-

Wenn man selbst einen Dankesbrief erhält, ist ein natürlicher Reflex, dass man lächelt (vorausgesetzt, der Absender meint es durchweg ehrlich und liebevoll). Haben Sie jemals ein Dankschreiben wutschnaubend zerrissen und den Verfasser als „elenden Mistkerl" oder ähnlich beschimpft? Sicherlich nicht! ☺

Dankbarkeit macht glücklich und gesund. Mehr Dankbarkeit zu leben und zu zeigen ist doch ein wundervoller Plan! Denn im Grunde ist es doch genau das, wonach wir uns selbst oft sehnen: Anerkennung und Wertschätzung für Geleistetes, ein einfaches Danke für eine „gute Tat".

> ➤ Dankbarkeit tut beiden Seiten schlicht und ergreifend gut und ist der beste und zugleich edelste Weg zu mehr Glück und Zufriedenheit.

> ➤ Dankbarkeit ist auf sehr vielen Ebenen ein Schlüssel zum Erfolg. Sie verbessert sowohl die Beziehungen zu anderen Menschen, wie auch unsere Einstellung und Motivation.

Wer allerdings immer nur nimmt, ohne wenigstens ein Danke zurückzugeben, der manipuliert. Und dabei ist es eigentlich so einfach: Kleine Gesten ermuntern und ermutigen. Warum also nicht ab und an einem netten Menschen, einem Kollegen oder gar dem Chef ein kurzes Dankeschön per Mail oder Karte schicken? Oder morgens an den Schreibtisch kommen – und eine Tasse Kaffee mitbringen?

Aber: klar ist auch, dass sich Dankbarkeit nicht erzwingen lässt.

Im Grunde ist Dankbarkeit eine Art Basis eines funktionierenden wirtschaftlichen Organismus, in dem jeder seine Aufgaben erfüllt und in dem sich Geben und Nehmen die Waage halten. Ausbeutung ist demnach also ein Zeichen mangelnder Dankbarkeit.

Es scheint fast, als sei Dankbarkeit ein Lebenselixier. Notwendig, existenziell. Gehen wir ihm auf die Spur. ☺

URSACHEN von Unzufriedenheit und Undankbarkeit

Wie meistens in vielen Bereichen des Lebens finden sich viele Ursachen in der Kindheit. Viele Menschen mit unzufriedener Grundhaltung haben beispielsweise als Kind erlebt, dass ihre Grundbedürfnisse chronisch frustriert wurden, sie keine Anerkennung oder Lob erhielten und selten echt gewertschätzt wurden. Da solches Verhalten immer mit Emotionen gekoppelt ist, verankert sich das Empfinden im Kind und womöglich kann es alleine nicht mehr aus dem Gefühl der Unzufriedenheit herausfinden, wie auch dem Gefühl der Trauer und dem Gefühl des Ungerechtbehandeltwerdens und somit dem Undankbarsein.

Dankbarkeit macht glücklich – Dankbar sein lohnt sich

Wenn sich Lebensfreude einstellt, kommt auch Gutes zurück. Das heißt, es ist wichtig, sich der kleinen Dinge des Lebens zu erfreuen, anderen Menschen Achtsamkeit entgegen zu bringen und darauf zu vertrauen, dass sich einige Knoten auflösen werden. Wir alle werden es schon erlebt haben: Spenden wir Dank, werden wir von unseren Mitmenschen als angenehm empfunden, auch wenn ihnen dieses Danksagen womöglich unangenehm ist. Durch Dankbarkeit wächst Freude und Verbundenheit und man fühlt sich seelisch wie körperlich auf Dauer besser und kommt zu mehr Wohlbefinden.

Wie schon beschrieben, sind wir oft blind für das, was wir bereits haben – sowohl an materiellen Gütern, als auch an Unterstützung, an Liebe und Zuneigung. Stattdessen sehen wir vordergründig eher das, was wir **nicht** haben. Manch einer macht sich daraufhin auf die Suche nach immer neuen Dingen, Erfahrungen und Beziehungen. Allerdings geht das selten gut, denn je mehr wir auf diese Weise konsumieren, umso größer wird unser inneres Gefühl des Mangels und der Leere.

Häufig ist das Empfinden dann so: Kaum hat man das „neue Auto" oder den „neuen Job" erhalten, spurtet man weiter, dem nächsten Ziel entgegen. Man kann so aber niemals wirklich ankommen, innehalten und auch nie wirklich glücklich werden, weil immer wieder etwas Neues erreicht werden muss. Somit setzt man sich selbst ununterbrochen unter Druck. Das wiederum kann bedingen, dass man seelisch und/oder körperlich krank wird und vor allem immer unzufriedener. So etwas wie Dankbarkeit ist dann weit entfernt. Man sieht den „Wald vor lauter Bäumen" nicht mehr, hastet im Kreis und landet womöglich in einer Abwärtsspirale. Immer noch mehr zu haben, noch besser zu werden sind negativ besetzte Emotionen, die nie in Dankbarkeit und Glück enden KÖNNEN.

> **Wenn wir aber unseren Fokus auf das lenken, wofür wir dankbar sein können, dann macht sich ein tiefes Gefühl der Befriedigung breit, gepaart mit Zufriedenheit und tiefer sinniger Freude.**

Wir müssen daher wirklich wertschätzen lernen, was wir haben und/oder besitzen. Nur so kann sich Dankbarkeit einfinden und manifestieren. Dankbarkeit ist sozusagen eine echte Lebenshilfe und eine besondere Liebeserklärung an das Leben. ☺

Zufriedenheit hat eine enge Verwandte: die Dankbarkeit! Und diese ist wiederum die Voraussetzung für Zufriedenheit.

> **Denn wenn ich Dankbarkeit für das Gute in meinem Leben verspüren kann, bewahrt mich dies zugleich vor Unzufriedenheit.**

Dazu gehört ganz klar, dass man sich dann auch nicht zu sehr nach Dingen verzehrt, die man (aus den verschiedensten Gründen) nicht haben oder erreichen **kann**. Dies wiederum schützt vor Traurigkeit, Frustration und Depression.

Dankbarkeit macht nachhaltig glücklich – sie verankert sich in uns. Wir kennen und erkennen das Gefühl der Dankbarkeit, verknüpfen damit Emotionen und diese lassen sich in ähnlichen Situationen auch wieder hervorrufen. Dieses nachhaltige Wohlbefinden ist dann die Zufriedenheit.

Dankbarkeit neu zu erlernen und zu empfinden ist laut wissenschaftlichen Untersuchungen durchaus möglich. Zum Ersten gehört das Wahrnehmen der fehlenden Dankbarkeit zum Grundgerüst, sowie der Wille, daran etwas verändern zu wollen. Liebevolle zufriedene Beziehungen zu glücklichen und dankbaren Menschen können unsere schlechten Erfahrungen korrigieren und helfen, den richtigen Weg einzuschlagen. Aber auch Psychotherapie ist ein gutes und erprobtes Mittel, um zu einem erfüllteren und zufriedeneren Leben in Dankbarkeit (zurück) zu finden. Ebenso kann Dankbarkeit auch als reines Verhalten gelernt werden. Zum Beispiel, indem man es trainiert und übt. Darüber kann sich dann irgendwann das Wohlbefinden einstellen mit dem Ziel der Dankbarkeit.

Wege aus der Negativität heraus zu finden ist ebenfalls ein Ziel der Übungen. Denkmuster, Strukturen und Negatives durchbrechen und mit Positivem ersetzen – das ist unser Weg zur Dankbarkeit.

Es ist wichtig, aus der Negativ-Spirale herauszufinden und uns an die Dinge in unserem Leben zu erinnern, für die wir dankbar sind.

Dazu gehört auch, dass man versucht, negative Gedanken durch etwas zu ersetzen, was uns froh, zufrieden und glücklich macht. Zumindest sollte man es einmal versuchen! Das heißt, wir müssen lernen, auch die positiven Aspekte einer an sich negativen Situation zu sehen. Auch wenn es nicht einfach ist und es dem ein oder anderen Leser nun „komisch" erscheint – es ist ja kein MUSS, sondern nur ein Vorschlag!

Beispiel: wenn wir mit einem Infekt im Bett liegen müssen, könnten wir uns für die „Auszeit" bedanken, die unser Körper vielleicht dringend gebraucht hat um zur Ruhe zu kommen. Das ist natürlich nur auf wenig schwerwiegende Dinge wie eine Erkältung übertragbar, aber dieses Beispiel zeigt, dass man versuchen kann, aus jeder Situation noch das Beste herauszuziehen. Das ist auch gelebter Optimismus. Natürlich möchte ich keine Gliederschmerzen und hohes Fieber haben – aber wenn es mich nun mal erwischt hat, kann ich versuchen, aus der Situation das Beste zu machen. Vielleicht kann ich nun endlich ein tolles Buch lesen, das schon lange im Schrank steht und nur darauf wartet, endlich gelesen zu werden – vielleicht kann ich mal im Bett gammeln, ohne mich rechtfertigen zu müssen und so weiter.

Die Aussage würde bei allen ähnlichen Beispielen immer die bleiben, dass man trotz der widrigen Umstände versuchen kann, dankbar für einen dadurch bedingten anderen Umstand zu sein.

ÜBUNGEN zur praktizierenden Dankbarkeit:

Das Wichtigste ist, sich zu fragen, wann man das letzte Mal bewusst das Gefühl der Dankbarkeit wahrgenommen hat. Denn allzu häufig finden wir Dinge selbstverständlich, die gar nicht selbstverständlich sind. Und ebenfalls ist wichtig zu wissen, dass Zufriedenheit und Glück viel mit unserer **Einstellung** zu den unterschiedlichen Dingen, Situationen und auch Menschen zu tun haben. Denn eins ist klar: Glück kommt nicht einfach von außen auf uns zu, sondern es entsteht nur in unserem Inneren. Wir selbst müssen uns glücklich und zufrieden fühlen und müssen **uns klar werden, dass niemand von außen für unser Glück verantwortlich oder zuständig ist.** Das heißt also: davon, wie wir etwas interpretieren hängt unser Glücksgefühl ab. Jeder kennt die „berühmte" Fragestellung: „Ist das Glas halb voll oder halb leer?" Positiv eingestellte Menschen werden es immer halb VOLL empfinden und sind somit viel offener für das Glück und die Zufriedenheit und somit auch deutlich dankbarer.

> ➤ **Dankbarkeit ist deshalb sehr wichtig, denn sie hilft uns, mit dem was wir sind und was wir haben, zufrieden zu sein.**

Wir dürfen uns an all das Positive in unserem Leben erinnern und das am besten täglich (oder auch mehrmals täglich). Denn das hilft uns dabei, alles in eine sinnvolle Perspektive zu rücken. So lernen wir auf Dauer, dass es selbst in Krisenzeiten noch viel Positives gibt, dass wahrgenommen werden will.

In den vorgeschlagenen Übungen doppeln sich ein paar meiner Vorschläge im Buch. Ich finde es wichtig, sich immer mal wieder darüber bewusst zu werden und deshalb auch in einem anderen Kontext nochmal zu erwähnen.

Mögliche Übungen:

- Sich alles GUTE und SCHÖNE des eigenen Lebens aufschreiben. Dinge und Menschen/Tiere, für die man dankbar ist. Starten kann man mit einem Ereignis pro Tag – gerne natürlich auch mehrere beachtenswerte Dinge.
- Dankbar für sich selbst sein: „Es ist schön, dass es MICH gibt"! Ein wertfreies freundliches Annehmen der eigenen Person. Somit lernt man, sich selbst zu lieben!
- Einen Dankes-Brief schreiben – an sich selbst oder /und eine nahestehende Person
- Danke sagen – einer nahestehenden Person (und dabei auch genau überlegen, für was man jeweils dankbar ist). Somit zeigt man diesen Menschen auch, dass sie einem wichtig sind – dies und die damit verbundene Wertschätzung sind ein Tor zur Dankbarkeit.
- Lieblings-Wunsch erfüllen: (realistisch bleiben) – denn dies schafft eine innere Einstellung der Dankbarkeit gegenüber den Chancen und Möglichkeiten, die man hat und dass es ein Privileg ist, dass man sich seine Wünsche erfüllen KANN!
- Gutes, das einem widerfährt als Gutes wahrnehmen und dafür DANKE sagen
- Danke zum eigenen Leben sagen: sich das verinnerlichen, was man im Leben schon erreicht hat, oder was man mit viel Wille durchsteht: eine schwere Krankheit beispielsweise. Wichtig ist, sich dabei zu verdeutlichen, dass man noch nicht aufgegeben hat – man ist immer noch da! ☺
- Dankbar für unseren materiellen Besitz: wenn man mal seine Umgebung genau betrachtet – einzelne Stücke wie eine schöne Kommode ansieht und sich sagt: „Schön, dass ich diese kommode besitze." - Mit dieser einfachen Methode kann man das Empfinden dafür entwickeln, wie viele materielle Dinge unser Leben bereichern. Auch dass sie nicht selbstverständlich sind und wie viele Menschen diesen Gegenstand vielleicht nicht besitzen können.
- An spezielle „Luxus-Produkte" kann man mal Klebezettel heften, um sie besonders zu würdigen und Dankbarkeit zu zeigen.

Dann wird einem bewusst, dass wir viele Dinge besitzen, die unser Leben erleichtern oder bereichern und die man eigentlich nicht wirklich zum Überleben braucht. Dazu gehört zum Beispiel der Fernseher, Kaffeemaschine und so weiter.

- Sich einen schönen kleinen Stein (oder einen anderen schönen Gegenstand) in die Jacken- oder Hosentasche stecken. Diesen besonderen Gegenstand kann man willkürlich und auch bewusst öfters berühren und sich somit an seine Übung zur Dankbarkeit erinnern. Man kann ihn ebenfalls als „Glücksbringer" benutzen und in schwierigen Situationen als Helfer ansehen, der uns zeigt, dass es weiter gehen wird…
- Solch einen schönen Stein kann man ich auch auf den Nachttisch legen und ihn vor dem Einschlafen in die Hand nehmen und an all das Positive des ganzen Tages denken. Wir können uns nun auch gerne bedanken. Das Einzigartige daran ist, dass wir uns dadurch, dass wir auf der Suche nach Positivem noch einmal alle Tagesereignisse vor unserem inneren Auge Revue passieren lassen, bewusstwerden, wie viel Gutes wir tatsächlich erlebt haben.
- Weitere Bücher zu den Themen Glück, Dankbarkeit zu lesen, hilft mit Sicherheit ebenfalls weiter.

Wenn man sich mal bildlich vorstellt, Dankbarkeit wäre wie ein Muskel, der trainiert werden muss, da sich ansonsten alles Trainierte wieder verflüchtigen würde, dann wird einem bewusst, wie intensiv und anhaltend und immerwährend so ein Training sein muss.

Zum Glück gibt es viele Möglichkeiten, diesen Dankbarkeits-Muskel zu trainieren. ☺ Das heißt, wie bei jedem Training muss es uns „in Fleisch und Blut" übergehen – es muss zur täglichen Routine werden, diesen Muskel niemals erschlaffen zu lassen.

Im Grunde kommt es darauf an, alte Muster zu durchbrechen und wieder mehr nach vorne zu schauen und dem Positiven offen entgegenzublicken. Frei und offen zu sein, für all das Neue – das ist auch ein Etappen-Ziel. ☺ Gewohnheiten lassen sich nicht von heute auf morgen verändern – man braucht viel Geduld und Ausdauer. Aber es lohnt sich mit Sicherheit! ☺

Wenn man dem Wörtchen „Danke" etwas Zauber und Magie anheftet, und es WIRKEN lässt, wird man spüren, wie sich (je häufiger wir es aussprechen) umso mehr wundervolle Dinge ereignen und in unser Leben einziehen werden. Zauber? Vielleicht ja: der Zauber des Neuanfangs und der kleinen alltäglichen Wunder. ☺

Das Leben ist ein Wunder, von der Zeugung, über die Schwangerschaft und die Geburt hin bis zum Leben an sich. Jeder von uns ist ein kleines Wunder und wir sind jeder für sich einzigartig. Deshalb dürfen wir auch dem Zauber vertrauen, der uns leitet und uns zu tiefer Dankbarkeit führen wird. Denn mit kleinen Übungen können wir es tatsächlich schaffen, wundervolle Veränderungen herbei zu führen.

Diese Sichtweise ist nochmals einen besonderen Abschnitt wert, denn Menschen, die Sie lieben und diese Wertschätzung auf Gegenseitigkeit beruht, haben es verdient, besonders mit Anerkennung versehen zu werden und mit Sicherheit gibt es in solchen Beziehungen auch etwas zu danken. Denn sie bekommen in der Regel viel zu selten offene, direkte Dankbarkeit entgegengebracht. Oft geht man einfach davon aus, dass sie es sowieso wissen, dass sie so wertvoll für uns sind. Trotzdem wäre es in diesem Falle einfach einmal wundervoll, wenn man es auch ausgesprochen und gezeigt würde. Sagen sie es, zeigen Sie Zeichen der Anerkennung – eventuell auch in Form von Blumen und einem netten Brief, mit einer Umarmung, einem liebevollen Blick und lieben Worten, einer Tasse Kaffee und und und…

Sollte es sich um etwas ganz Besonderes handeln, eine tiefe und herzzerreißende Dankbarkeit, dann können Sie sich auch etwas Besonderes als Dank überlegen. ☺

Und damit das herzliche Umarmen nicht zu kurz gerät oder gar in Vergessenheit gerät: es gibt viele Menschen, die sich nach einer Umarmung sehnen – schenken Sie sie ihnen, wenn es für Sie passt und stimmig ist. (Anmerkung: auch in Zeiten von Corona ist eine liebevolle Umarmung möglich!).

Der zu beschenkenden Person ZEIT zu schenken, als Geste der Dankbarkeit, ist ebenfalls ein wundervolles heilendes Mittel für beide Seiten. Lassen Sie die Person ruhig wissen, dass Sie für sie da sind, wenn sie über irgendetwas reden möchte. Geben Sie dieser Person dann Ihre volle Aufmerksamkeit.

Ernst gemeinte Komplimente und kleine Geschenke sind ebenfalls eine liebe Geste, die Ihr Gegenüber im Sinnzusammenhang zu würdigen weiß. **Manchmal ist es einfacher als man denkt, wenn man jemandem etwas GUTES tun möchte.** (Beispielsweise auch dieses Buch, mit einer lieben Widmung versehen, zu verschenken).

Nicht außer Acht lassen darf man natürlich, dass es Menschen gibt, zu denen Sie so gar keinen „Draht" haben und bei denen es Ihnen auch schwerfallen wird, sich wirklich liebevoll zu bedanken. Das ist normal, denn wir können nicht jeden gleichermaßen mögen, so wie uns auch nicht jeder (gleichermaßen) mag. Und schließlich kann man niemanden zwingen sich zu ändern. Aber Sie können Ihren eigenen Weg des Entgegenkommens ändern und gar ein Vorbild sein: Jede Aktion führt zu einer Reaktion. Und wenn es nur das Gedankengut der Person Ihnen gegenüber verändert.

Um Dankbarkeit und Wertfreiheit zu üben, können Sie sich immer mal wieder Folgendes begreiflich machen: Jede – auch eine von Ihnen nicht übereinstimmend gesehene – Perspektive ist eine **neue** Perspektive. Danken Sie im Geiste Ihrem Gegenüber dafür. Denn dies erweitert **Ihren** Horizont und ist wertschätzend auf der Beziehungsebene, auch wenn Sie auf der Sachebene ungleicher Meinung sind.

Hierzu gibt es noch eine Reihe weiterer Übungen, die aber sehr weit führen und nicht jeder ist in der Lage, immer so adäquat zu reagieren. Es geht in diesem Buch ja auch hauptsächlich darum, dass Ihnen bewusstwerden darf, **dass die eigene Einstellung, die eigene RE-Aktion auf die Dinge und Situationen entscheidend ist,** WIE Sie interagieren, wie Sie in dem jeweiligen Moment zurechtkommen.

Sie müssen Ihr Gegenüber nicht lieben, um ihm Wertschätzung - trotz der Differenzen - entgegenzubringen. Manchmal wirkt es sehr entwaffnend, wenn man sich dann trotzdem artig aber aufrichtig bedankt und dies kann Türen öffnen. Natürlich macht man sich auch verletzlich in einem solchen Moment, aber wenn es etwas zum Bedanken gibt, verlangt es ab und an der Anstand, dies auch trotz widriger Umstände zu tun!

Wie solch ein Danken beim Gegenüber ankommt, wie er damit umgeht: das ist dann nicht Ihr Problem – das liegt ganz bei ihm. Sie haben getan, was Sie für richtig erachteten und haben zu sich und Ihren Überzeugungen gestanden. Wenn ein Gegenüber einen Dank nicht annehmen kann, schieben Sie nicht sich selbst die Schuld „in die Schuhe" – das Ganze / die Reaktion muss beim Gegenüber bleiben.

Gerade bei auseinanderbrechenden Freundschaften ist es schwierig, wenn sich die eine Seite für die gemeinsamen Jahre und die Früchte daraus bedanken möchte und dies auch tut und die andere Seite dies nicht annehmen kann. Sei es, weil sie „zu" macht, oder Ihnen nicht glaubt.... Es ist müßig und kräftezehrend, sich zu viele Gedanken darüber zu machen.

Ich hatte mich vor ein paar Jahren aus mir wichtigen Gründen von einer Physiotherapeutin getrennt. Sie hat allerdings sehr gute kompetente Arbeit geleistet; nur auf der persönlichen Ebene hat es nicht mehr wirklich funktioniert. Ich erinnere mich noch an unser „Abschieds-Gespräch" und dass wir uns beide spontan umarmt und einander für die wertvolle Zeit gedankt haben! Das hat uns beiden gutgetan und hallt auch immer noch in mir nach. So kann selbst eine „Trennung" noch liebevoll und wertschätzend und respektvoll verlaufen.

Menschen, die Dankbarkeit nicht annehmen können

Es gibt so viele unterschiedliche Menschen und das macht unser Leben und auch das Miteinander so spannend!
Manchmal lernen wir Positives dazu, manchmal stoßen wir an Grenzen. Das ist Leben.
Was aber, wenn man sich bei Personen bedankt, die mit dem Lob und/oder dem Dank so gar nicht umgehen können?
Da gibt es Unterschiede: Manchen ists schlicht und ergreifend peinlich, wenn sie gelobt werden oder tun es ab. Oder es gibt Menschen, die so ein schlechtes Selbstbewusstsein haben, dass sie nicht damit umgehen können, wenn man sie lobt, da sie sich selbst als minderwertig empfinden und nicht verstehen können, warum sie jemand

lobt. Es kann sogar sein, dass sie das Lob dann nicht annehmen können oder auch, dass sie aggressiv werden: „Ich brauch Dein Lob nicht!"

Diese unterschiedlichen Reaktionen zeigen so viel auf.

Auch eine Antwort „Ich mache das doch gerne!" kann zwar auf den ersten Blick nett klingen, kann aber auch aufzeigen, dass der andere sich auch unnötig aufopfern würde.

Manche Menschen neigen dazu, ein Kompliment wie eine heiße Kartoffel zu behandeln - und es umgehend zurückzugeben, um die Aufmerksamkeit von sich abzulenken.

Ein Kompliment, ein Dankeschön oder ein Lob drücken immer eine gewisse Intimität aus. Denn es impliziert, dass der, der es ausspricht, denjenigen gut genug kennt, um sein Handeln zu kommentieren, beziehungsweise dass man auch beim Gegenüber viel wahrnimmt und dies (positiv) zum Thema macht. Es zeigt auch, dass für uns, als Aussprecher des Dankeschöns, ein „Danke" tatsächlich auch eine Bedeutung hat und zeigt somit auch die Wichtigkeit auf. Damit kann auch nicht jeder umgehen.

Zusätzlich **unangenehm** kann in diesem Fall auch das Gefühl sein, kein Kompliment zurückgeben zu wollen oder zu können.

Man sieht, einfach ist es nicht im Beziehungsgeflecht mit Dankbarkeit und Lob umzugehen.

Irgendwie ist es auch verzwickt: tun wir doch einerseits viel dafür, Komplimente, Lob oder einen Dank zu erhalten, aber dann ist es uns eventuell doch unangenehm!

Hier spielen viele Faktoren eine Rolle: man könnte auch Bedenken haben, dass das sogenannte „Eigenlob stinkt", wenn man einfach mal ein Lob annimmt. Die peinliche Frage, wie das nach außen wirkt, lässt bei vielen Menschen dann „den Vorhang fallen" und sie machen zu.

Das heißt also, entweder man akzeptiert das Kompliment und bricht mit der Norm, immer schön bescheiden zu sein; oder man weist das Kompliment zurück und negiert damit die Aussage des anderen. (!!!)

Die häufigsten Gründe, warum Menschen kein Lob annehmen können sind:

Es kann passieren, dass man einen Dank oder ein Lob für nicht aufrichtig erachtet und ihm nicht traut. Manche fürchten dann, dass sie „auf den Arm genommen" werden oder dass das Kompliment nur Mittel zum Zweck sei und befürchten, dass der andere damit ein eigennütziges Ziel verfolgt.

Druck: Noch dazu können Komplimente Manchen unter Druck setzen – nämlich dann, wenn sie das Gefühl bekommen, dass sie ihm auch in Zukunft gerecht werden müssen. Viele haben dann das Gefühl, diesem Kompliment immer entsprechen zu müssen, um den anderen nicht zu enttäuschen – auch dann, wenn man sich gerade nicht danach fühlt.

Beurteilt fühlen: Je nachdem, wie ein Dankeschön oder Lob rübergebracht wird, können sich manche Menschen vielleicht beurteilt fühlen.

Perfektionismus: Oft können Menschen, die hohe Ansprüche an sich selbst haben, nur schwer Lob annehmen. Sie arbeiten emsig immer weiter, ohne sich aber die Freude machen zu können, dies auch zu feiern. Oft auch nach dem Motto: „Lob und Dankbarkeit muss man sich verdienen!".

Man sieht den Lobenden nicht als wichtig genug für sich an: Entweder schätzt man den Lobenden nicht, oder es reicht nicht aus. Schade, denn das Feedback jedes Menschen kann solch einen großen Mehrwert für uns bieten.

Selbstgefälligkeit: Viele Menschen, die sich immer weiterbringen möchten, haben Angst vor Lob, da sie dann das Gefühl bekommen, sich auf den eigenen Lorbeeren und dem Gefallen an dieser Situation auszuruhen.

Schleimer: Manche nehmen Ihrem Gegenüber das Lob nicht ab: „Der will sich nur anschleimen!".

Anerkennung als Erwartungs-Belastung: Manche Menschen befürchten, die Akzeptanz von Lob würde sie mit den Erwartungen anderer belasten. Das heißt, sie empfinden jedes positive Feedback mit einer indirekten Aussprache einer verknüpften Erwartung. Oder dass das Empfangen von Lob die Messlatte nur noch höher läge!

Ein Dankeschön annehmen lernen

Im Grunde freuen wir uns doch sehr, wenn sich jemand aufrichtig bei uns bedankt oder uns lobt. Und wir dürfen wirklich lernen, das anzunehmen, denn man würde sich ja selbst um die Freude bringen, die ein Kompliment trotz aller eventueller Peinlichkeit mit sich bringt. Und außerdem verstärkt man mit Ablehnung auch die Betretenheit, denn direkt ist dann unser Gegenüber ebenfalls peinlich berührt.

Experten raten dazu, dass man lernt, ein Kompliment schlicht anzunehmen:

Das bedeutet im ersten Schritt, dass man es sich anhört, akzeptiert und dies als Chance nutzt, daran zu wachsen. Akzeptieren heißt, dass man sich dafür bedankt!

Ja, man darf es innerlich verstärken, indem man es bewusst in sich aufnimmt und es wirklich auch auskostest! Man darf sich auch mal innerlich freuen und sich selbst loben und wenn man mag, kann man sogar mit einer Frage antworten, was genau denn an der Situation so besonders war. Denn diese wertvollen neuen Erkenntnisse können wir dafür nutzen, um uns in Zukunft noch zu steigern.

Komisch, dass wir uns leichter damit tun, ein Kompliment abzuwiegeln und womöglich sich selbst dabei noch abzuwerten: „Ach so toll war das auch wieder nicht!". Wir dürfen stattdessen lernen, dass Komplimente und ein aufrichtiges Dankeschön wenig mit Bescheidenheit zu tun haben, sondern mit gegenseitiger **Wertschätzung**. Es schafft Verbindung und ist eine tolle Möglichkeit zur Schulung des Selbstvertrauens.

Ein Dankeschön darf angenehm sein!

Lob darf guttun, Freude machen und einfach angenehm sein. Betrachten wir es doch als kleine seelische Streicheleinheit. Wir dürfen lernen, es zu genießen und müssen dieses falsche Bild der Bescheidenheit aufgeben, denn bloß, weil andere etwas toll an uns finden, ist es noch lange nicht überheblich oder arrogant von uns! Es zeigt einfach, dass wir liebenswerte Eigenschaften haben, die lobens- und dankenswert sind und ist ein tolles Feedback von außen! Ein Dankeschön und/oder ein Kompliment werden zur gegenseitigen Wertschätzung.

Und umgekehrt: wenn Ihnen als Danksager ein „Dankeschön" nur schwer über die Lippen kommt, dürfen Sie alternativ auch gerne einfach lächeln und ein zustimmendes Kopfnicken zeigen. Ein Lächeln kann mehr sagen als viele Worte. Mimik und Gesten zeigen so viel Echtheit!

> Das Vergnügen, andere mit Lob zu überschütten,
> sollten wir uns viel öfter gönnen.
> —Ernst Ferstl-

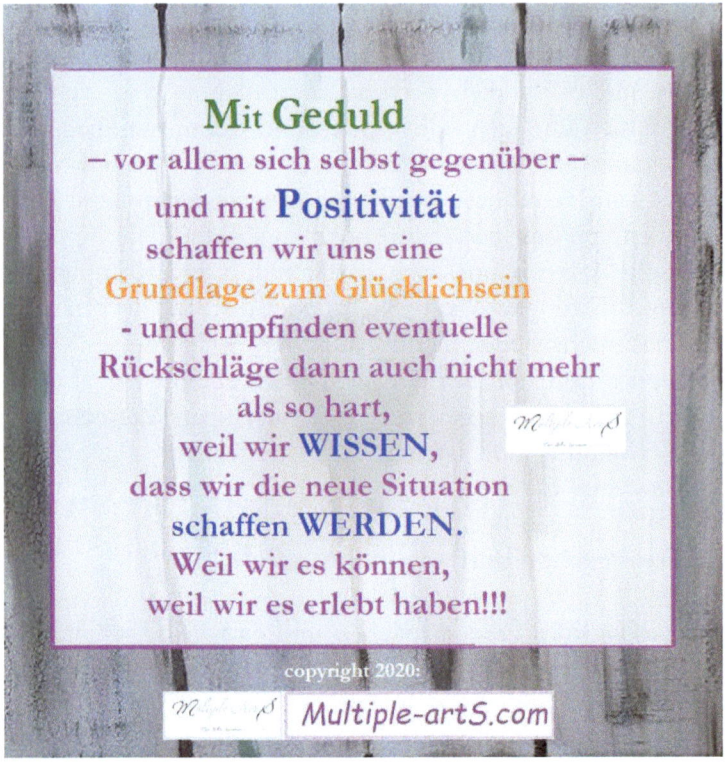

Dankbarkeit und Vergebung: zwei große wichtige Säulen des Wohlbefindens

*Ich möchte erwähnen, dass es sich hier um die „Vergebung der Dinge im Alltag" handelt und nicht um jene schwerwiegende und zerstörerische Situationen. Vergebung tut auch in schweren Fällen gut, aber mir geht es hier hauptsächlich um eher alltägliche Dinge.

Vergebung ist der **Verzicht einer Person, die sich als Opfer empfindet, auf den Schuldvorwurf**. Dieser primär innerseelische Vorgang kann unabhängig von Einsicht und Reue des Täters vollzogen werden.

Vergebung ist eine Coping-Strategie (= Bewältigungsstrategie), mit der eine Person in der Opferposition (aber auch in der gegenteiligen Position) die belastenden Folgen einer äußeren oder inneren Verletzung meistern kann.

Wir wissen, wie wichtig soziale Beziehungen (ob Partnerschaft, innerhalb der Familie, mit Freunden und Kollegen…) sind. Damit einher gehen dann im besten Fall auch liebevolle Unterstützung, Hilfe und ein gutes Miteinander. Ohne solche Interaktionen wäre ein Mensch nicht überlebensfähig.

Allerdings ist es unvermeidbar, dass in solch engen Beziehungen auch Enttäuschungen stattfinden, sich beide Seiten verletzt und unverstanden fühlen oder gar Schaden entsteht. Solche Emotionen können vom „Opfer" als dramatisch empfunden werden und sich in Gefühlen wie Ärger, Angst, Hass, Wut oder Verzweiflung bemerkbar machen. Dass dies Auswirkungen auf den Körper und die Selle hat, ist selbstredend.

Vergebung hingegen arbeitet mit Empathie und Wohlwollen.

Wie oft kämpfen wir mit kleinen oder großen Enttäuschungen und Kränkungen?

Und wie sehr beeinträchtigt dies unser Fühlen und unser Handeln?

Wenn wir Dankbarkeit leben, wird sich auch Vergebung fast automatisch einstellen.

Durch das positive Denken und die täglichen Mut-Macher-Affirmationen können wir dann schon gar nicht mehr anders als zu vergeben.

Mir ist das mit einer Bekannten passiert (sie ist psychisch krank), als sie mich grundlos per WhatsApp wild beschimpfte. Ich antwortete noch darauf und als sie nicht aufhörte, blockierte ich sie. (Hier ist es schon wieder interessant, wie schnell man doch im virtuellen Leben blockieren kann – dies vielleicht im realen Leben nicht tun würde…. Eine Philosophie für sich).

Da wir in der Nähe wohnen begegneten wir uns oft und sie schaute immer weg und ich ließ es auf sich beruhen.

Irgendwann aber, als ich spürte, dass es mich doch belastet und ich mir vergegenwärtigte, wie gut ich es in meinem Leben (auch im Kontrast zu ihrem Leben) habe, wurde mir klar, dass meine Dankbarkeit meinem Leben gegenüber nicht mit einer „Blockierung" korreliert. Das schien mir nicht zu passen. Denn da Dankbarkeit und Vergebung wirklich zwei große Säulen des Wohlbefindens sind, spürte ich, dass sich hier etwas widerspricht.

Beim nächsten Zusammentreffen sprach ich sie an und wir redeten kurz. Ich spürte IHRE tiefe Dankbarkeit, dass ich auf sie zu kam. Ich fragte sie dann, ob ich sie umarmen dürfe und das tat uns beiden unglaublich gut. Wir konnten danach wieder ganz normal miteinander umgehen und wenn wir uns nun zufällig treffen, ist es ein angenehmes Zusammentreffen.

Was ist passiert? Sie und ich standen uns einmal deutlich näher und mir tat die Situation von Anfang an leid. Sie konnte auf Grund ihrer schwerwiegenden psychischen Störung vermutlich nicht mehr reagieren und einer „musste" den ersten Schritt wagen.

Natürlich kam mir auch der Gedanke von „Stolz", bis auch dieser durch das Leben mit Dankbarkeit und dem Fokus auf der „Liebe" mich dazu brachten, dass mir das alles egal war, ich aber die Beziehung wieder auf ein Normal-Maß bringen wollte.

Ich erzähle das nicht um Beifall zu bekommen, sondern um aufzuzeigen, dass man tatsächlich, wenn man Dankbarkeit LEBT, auch besser vergeben kann.

Das funktioniert auch in der Partnerschaft, der Familie und mit Freunden. Wenn man den anderen mag oder liebt und dankbar dafür ist, dass es sie/ihn überhaupt für uns gibt, dann ist Vergebung fast ein natürlich folgender Prozess….

Das schöne Gefühl der gegenseitigen Vergebung ist auch eine sehr wohliges und insgesamt – auf vielen Ebenen – guttuende Emotion!

Deshalb haben Untersuchengen gezeigt, dass das Erlernen von Vergebung die Menge an Verletzungen, Ärger, Stress und Depressionen, die Menschen erleben, verringert.

Das bedeutet, dass Menschen, die lernen zu verzeihen, auch insgesamt hoffnungsvoller, gelassener, optimistischer und mitfühlender werden. Wie schön, oder?

Somit ist es einsichtig, dass Vergebung auch enorme Vorteile für die körperliche und seelische Gesundheit hat. Denn es liegt auf der Hand, dass vergebende Menschen schneller lernen, Stress und Ärger zu vermeiden und damit verschwinden auch Muskelanspannungen, die unweigerlich auftreten, wenn wir verkrampft und wenig entspannt sind. Auch Kopfschmerzen oder Schwindel und selbst Magenprobleme werden weniger, da der gesamt Organismus gelassener reagiert. Gelassen = Loslassen! Eine tolle Kombination, die uns hilft zu entspannen. Wer entspannt ist, kann sich in diesem Moment nicht ärgern! :)

Wie bereits erwähnt, bewirkt Dankbarkeit so viel Gutes in unserem Körper und in zwischenmenschlichen Beziehungen.

Wenn wir nicht verzeihen, werden wir hart. Und zwar gegen uns selbst und gegen andere. Das entfernt uns von „Liebe und Dankbarkeit"! Deshalb ist Vergebung so wichtig – wenn auch manchmal nicht einfach (und es kommt sicherlich auch immer auf den Grund an!)!

Vergebung ist somit immer auch eine Herausforderung, die sich aber dann lohnt, wenn einem etwas an der Person liegt.

Vor allem dürfen wir uns klarmachen, dass Vergebung von großer Kraft, Stärke und Liebe zeugt.

Für beide Seiten! Zu sagen: „Es tut mir so leid! Ich entschuldige mich!" ist ein Akt von Größe.

Eine Entschuldigung anzunehmen ist ebenfalls eine große Geste und das verbindet die beiden Seiten noch einmal.

Einfacher macht es, den Gedanken zu bewahren, dass jeder Mensch „auch nur ein Mensch" ist und ein Recht auf Fehler hat. Niemand ist vollkommen. Auch wir nicht. Wenn wir Dankbarkeit praktizieren, wird auch automatisch die Frage aufkommen, warum diese Situation gerade so ist – was sie uns aufzeigen möchte. Das hilft uns, die Perspektive zu wechseln und wir können von „außen" auf das Problem schauen und uns somit besser beide Seiten verdeutlichen.

Wenn wir dankbar sind für all das Gute, das uns täglich begegnet, dann können wir auch vergeben und liebevoll mit anderen umgehen. Und auch hier gilt, dass nichts vollkommen ist und wir uns auf einem Weg befinden und nicht immer alles gleich schaffen müssen. Aber wir dürfen es immer wieder **versuchen**! ☺

**Dankbarkeit – Liebe – Vergebung:
das gehört zusammen und hilft uns enorm,
ein erfüllenderes Leben zu haben.**

Ein Glas voller schöner Dinge

Diesen Text habe ich meinem Buch „Die Reise zum Glück" entliehen, da er hier ebenfalls sehr gut hinpasst:

Die Idee, die dahintersteckt, ist simple: oft ist man traurig, depressiv, ängstlich oder ohne Hoffnung. Das sind, solange sie nicht bedenklich abrutschen, normale Gefühlsschwankungen eines Jeden und bei chronisch Kranken tritt dies noch gehäufter auf. Verständlicher Weise, denn sie müssen tagtäglich mit den Symptomen und Beeinträchtigungen der Krankheit umgehen. Manchmal gelingt dies besser, manchmal schlechter. Aber im besten Fall hat jeder auch seine guten, schönen und außergewöhnlichen Erlebnisse, Situationen und Gefühle. Momente und Augenblicke voller Genuss, Glück und Zufriedenheit. Wenn man sich deren bewusst wird, sie sich auch bewusst macht, dann kann man versuchen, sie festzuhalten.

Manche Situationen kann man per Foto festhalten, andere nur in Gedanken. Und jeder wird es kennen, dass schöne Erlebnisse auch nachhaltig guttun und sogar prägen. Um sich für die nicht so guten Tage einen Vorrat an Glücksmomenten zu schaffen, wird von Psychologen empfohlen, sich diese aufzuschreiben. Man kann sie auf bunte Papierchen schreiben, man kann diese verzieren, oder auch bemalen.

Wenn man diese Zettelchen dann in das dafür vorgesehene Bonbon-Glas steckt, kann man sich im Laufe der Zeit viele glückliche Momente sammeln und in Erinnerung bringen.

Es wird empfohlen, wenn einem der Einstieg schwerfällt, abends damit zu beginnen: man kann den Tag Revue passieren lassen und sich einen oder mehrere schöne Augenblicke und Situationen aufschreiben und in das Glas legen. Das Bewusstmachen des SCHÖNEN an einem

Tag ist psychisch gesehen sehr wichtig, denn so wird einem deutlich, dass ein an sich vielleicht grauer Tag doch auch seine Schönheiten, seine hellen Seiten, seine Faszination und etwas Wertvolles hatte. Ohne dieses genaue Hinschauen würde man vielleicht manchen wundervollen Augenblick schlicht und ergreifend übersehen und das wäre sehr schade. So kann man sich selbst aus einem tiefen Loch herausholen und den Blick mehr auf die positiven Dinge lenken, als in den Negativen zu verharren.

Und man kann sich diese Zettelchen in all ihrer Fülle immer mal herausholen und kann sich an den erlebten und schönen Momenten erfreuen. Das Leben ist trotz schwerer Krankheit schön und lebenswert. Man vergisst es manchmal, weil man in seiner Trauer gefangen gehalten wird.

Lasst uns also schöne bunte Zettelchen schreiben, eintauchen in die Welt der Freude und somit die Trauer in den Hintergrund drängen!

Auf meinem Blog schreibe ich verschiedene Texte und Artikel. Oft inspirieren mich kleine Zitate oder auch nur ein Wort und mir fällt dazu etwas ein, das ich dann zu Papier bringe.

Hier ein Auszug:

*"Glücklich ist, wer vergisst, was nicht mehr zu ändern ist!"

Dieser Spruch hat für mich eine besondere Bedeutung, weil ihn mir mein verstorbener Papa vor über 50 Jahren in mein Poesie-Album geschrieben hat.

Dort steht er in seiner Handschrift und begleitet mich fast mein ganzes Leben lang.

Als Kind konnte ich natürlich nicht viel damit anfangen, aber als ich älter wurde und mir das Poesie-Album mal wieder hervorgeholt habe, und schon von meiner MS wusste, bekam er eine schwerwiegende Bedeutung.

Ja, glücklich ist, wer vergisst, was einfach nicht zu ändern ist.

Das hat mir schon sehr oft geholfen, aber es gibt auch Momente, oder Phasen, in denen er weniger angebracht erscheint.

Ich KANN die MS nicht vergessen, da sie sich unaufhörlich und sehr aufdringlich immer wieder Gehör verschafft. Und es wäre auch falsch, sie zu *vergessen*, denn dann würde ich sie ja auch nicht angemessen medizinisch versorgen.

Aber ein kleines bisschen kann ich mich mit diesem Spruch versöhnen, denn wenn ich mich nicht ununterbrochen wegen der MS gräme, sondern sie akzeptiere, als meinen ständigen Begleiter, dann kann ich sie auch nachhaltig besser hinnehmen. Das spart Nerven und Emotionen und macht tatsächlich glücklicher!

Danke, mein lieber Vater: als hättest Du es geahnt, dass dieser Spruch einmal so zu meinem Leben gehören würde … ©2013

* Sehstörungen, Hundekuscheln und Trauer in Dankbarkeit

(2016) Hätte mir vor drei Jahren jemand gesagt, ein Hund könne auf einer bestimmten Ebene heilen – ich hätte verständnislos geschaut.

Nun, nachdem wir unseren Smiley seit zwei Jahren bei uns haben, weiß ich mit Gewissheit, dass eine Tierseele heilen kann. Sie ist etwas Besonderes und gerade für Menschen mit Behinderung, wie für jeden Gesunden aber auch, eine Bereicherung. Für uns Gehandicapte vielleicht eine besondere, andere Bereicherung.

Fotos: Ingrid Fey

Sehstörungen – sie ziehen auf, ungefragt und vor allem sehr ungelegen.

Die bevorstehende Hochzeit meines Sohnes, die riesengroße Freude darauf – Emotionen und positiver Stress. MS-tauglich? Offensichtlich nicht.

Ich werte diese Symptome nicht als Schub, sondern als Uhthoff-Phänomen und frage mich insgeheim, ob ich zu viel darüber geschrieben habe und es mir nun deshalb so deutlich gezeigt wird. Egal – ich muss dealen mit diesen Symptomen von Druck und Schmerz und Nebel vor den Augen. Schlimmer noch: ich muss mit der Angst leben, es könne doch mehr sein und mich ausheben – mehrere und andere Gedanken mag ich gar nicht zulassen...

Ich sage mir ein klares STOPP. Stopp zum Gedanken-Karussell, Stopp zum Stress und all dem, was nicht sein muss. Stopp!

Aber es ist auch ein STOPP zu meinem Leben, zu meiner Lebendigkeit und Vorfreude.

Aber auch hier sage ich STOPP – denn dies ist mir bekannt und hier nutzt jammern wirklich wenig.

JA sage ich zu all dem, was mir gerade guttut: bestimmte Vorbereitungen für die Hochzeit und KUSCHELN. Kuscheln mit meinem Hund.

Smiley spürt seit Tagen, dass etwas nicht stimmt mit seinem Frauchen. Er ist ebenfalls sehr hitzegeplagt und braucht viel Ruhe – das kommt mir entgegen und so vegetieren wir beide an kühlen Plätzen. Und dann kommt seine süße feuchte Nase und stupst mich zart, seine Kulleraugen schauen mich tief und berührend an – und plötzlich spielt nichts mehr eine Rolle: ich *sehe* in eine Seele, die mir helfen möchte. Ich spüre es, körperlich und seelisch – mein Körper und mein Geist verlieren sich in diesem wundervollen Gefühl von Aufgefangen werden.

Und wieder staune ich, wie unwichtig es einem Hund/Tier ist, ob ich mit den Augen sehen kann. Ihm sind meine Handicaps völlig egal, er liebt mich. Mich, so wie ich bin. Diese Erfahrung lässt mich tiefe Dankbarkeit spüren.

Wir haben mittlerweile ein Ritual, kuscheln uns auf seiner Hundedecke zusammen, liegen aneinander gedrückt für einen Augenblick, bis Bewegung und auch Übermut in ihn kommt – LACHEN, Sorglosigkeit und Freude – das sind die Gefühle, die in diesen Momenten in mir hochkommen.

Geschenkte Augenblicke voller tiefer Freude...

Augenblicke, in denen das räumliche SEHEN keine Rolle spielt, sondern wo sich *Herzen sehend* berühren.

Danke Smiley Du Seelenhund. Diese Augenblicke sind kostbar, weil sie mir zeigen, dass ich auch mit Handicap wertvoll bin.

(PS – nicht, dass mich jemand bedauert, weil ich vielleicht keine Familie um mich hätte – nein: diese ist komplett da für mich – aber dieser Text gehört Smiley)

Ich möchte mich den Themen **Neid-Missgunst-Stolz** widmen, da sie das Potenzial haben, eine echte Dankbarkeit zu verhindern.

STOLZ:

Was bedeutet es stolz zu sein?
Stolz ist ein positives Gefühl für den eigenen Wert. Viele Haltungen, deren affektiver Charakter nur selten in Betracht gezogen wird, wie ein ausgeprägter Sinn für die eigene Ehre, Vertrauen in die eigenen Kräfte und Fähigkeiten. Aber auch Eitelkeit, Dünkelhaftigkeit, Arroganz oder Hochmut, sind mit Stolz verbunden.

Stolz kann also positiv sein, jedoch auch auf einen unangepassten oder toxischen Persönlichkeitstyp hinweisen. Es ist wichtig, ein gesundes Gefühl von Stolz zu entwickeln, denn es fördert den Respekt uns selbst gegenüber. Der gesunde Stolz macht dir außerdem bewusst, dass du dir den Respekt anderer verdient hast.

Wie oft lässt es vielleicht unser Stolz nicht zu, uns zu bedanken oder gar zu versöhnen?

Je älter (und weiser) ich werde, umso mehr wird mir bewusst, dass Stolz ein echtes Hindernis sein kann und oft genug völlig sinnlos. Was vergibt man sich dabei, sich bei einem Menschen zu bedanken oder ich mit ihm zu versöhnen, indem man ein einfaches „Es tut mir leid!" ausspricht?

Man vergibt sich nichts dabei, sondern man kann nur gewinnen.

Sollte die Person nichts mit unserer Entschuldigung anfangen können, ist es auch egal, ob der Stolz verletzt ist, denn man wird zu dieser Person sicherlich keinen Kontakt mehr pflegen (wollen).

NEID:

Neid bezeichnet eine Empfindung, bei der die neidende Person selbst über Besitz oder andere Vorteile (zum Beispiel , Aussehen, Erfolg, Freundschaften, Rechte …) einer anderen Person verfügen möchte oder ihr diese Güter nicht gönnt

Jemand, der prinzipiell neidisch ist, wird nie echte Dankbarkeit verspüren können. Denn würde er Dankbarkeit leben, müsste/bräuchte er nicht neidisch zu sein. Ein dankbarer Mensch gönnt anderen alles, denn er weiß selbst von seinem Wert und seinem „Reichtum auf allen Ebenen".

Solange Neid als Ansporn und Motivation dient, kann er förderlich sein. Sobald er aber böswillig wird, macht er so gar keinen Sinn mehr und kann großen Schaden anrichten!

MISSGUNST:

Missgunst entsteht aus dem Gefühl, die andere Person habe ihren Erfolg nicht verdient, oder aus dem Anspruch, immer besser sein zu wollen als andere. Missgunst hängt aber vor allem davon ab, wie hoch das eigene Selbstwertgefühl ist.

Was ist der Unterschied zwischen Missgunst und Neid?

Missgunst beinhaltet stets einen Aspekt der Destruktivität. Beim Neid hingegen ist das nicht immer so. Er kann auch konstruktiv sein, wenn er zum Ansporn wird, etwas (auch) erreichen zu wollen, „Wünsche anregt, kreative Kräfte freisetzt und so die Entwicklung fördert.

Missgünstige Menschen können ebenso wie Neider nicht wirklich dankbar sein. Dankbare Menschen benötigen keine Missgunst, weil sie das GUTE in ihrem eigenen Leben sehen und schätzen.

Natürlich ist es so, dass man vielleicht auch gerne einen Swimmingpool, ein schickes Auto, mehr Geld und einen tollen Partner hätte – wie das Nachbarn oder Freunde haben. Dies wahrzunehmen und zu fühlen ist völlig in Ordnung, denn wer wäre nicht gerne „schön und reich"? :)

Wenn ich mir aber bewusst bin, was ich an GUTEM in meinem Leben habe, dann brauche ich keinen Neid.

Ich habe einige Freunde und Nachbarn, die „mehr" haben als ich und doch wollte ich – trotz meiner MS – nicht mit ihnen tauschen: ich liebe mein Leben, meine Familie, meine engen Freunde… Ich lebe in Fülle und bin glücklich: mehr brauche ich nicht, auch wenn ein Pool toll wäre! ;)

Dankbarkeit ist eine Gabe,
die das Glück erst vollkommen macht.
-unbekannt-

Dankbare Menschen sind wie fruchtbare Felder;
sie geben das Empfangene zehnfach zurück.
-August von Koetzebue-

In jede hohe Freude mischt sich
eine Empfindung der Dankbarkeit.
-Marie Freifrau von Ebner-Eschenbach-

Wir sind für nichts so dankbar
wie für Dankbarkeit.
-Marie Freifrau von Ebner-Eschenbach-

Ich bin dankbar, nicht weil es vorteilhaft ist, sondern weil es Freude macht.
-Lucius Annaeus Seneca-

Sei dankbar für das, was du hast; warte auf das übrige und sei froh, dass du noch nicht alles hast; es ist auch ein Vergnügen, noch auf etwas zu hoffen.
-Lucius Annaeus Seneca-

Das Undankbarste, weil Unklügste, was es gibt, ist Dank erwarten oder verlangen.
-Theodor Fontane-

Dank ist keine Erniedrigung, sondern ein Zeichen hellen Verstandes, welcher die Verhältnisse erkennt, und ein Zeichen eines guten Gemütes, welches der Liebe fähig ist. Denn wer nicht danken kann, kann auch nicht lieben.
-Jeremias Gotthelf-

Wer nicht danken kann, kann auch nicht lieben.
-Jeremias Gotthelf-

Beim Ankleiden denke an die Mühe der Weberin, beim Essen an die Not der Bauern.
-Aus China-

Danken ist also weit mehr als ein Wort – Danken ist Inspiration, WERTvoll, sozial, vertrauensfördernd und respektvoll. ☺

Liebe Leser*innen,
ich hoffe, ich konnte Ihnen das wertvolle DANKEN insofern näherbringen, dass Sie sich nun auch auf den (weiteren) Weg zur Dankbarkeit machen möchten oder ihn ausbauen werden.

Ich schreibe und recherchiere mit Leidenschaft und gebe gerne das, was ich in Erfahrung bringen konnte, sowie meine eigene Lebenserfahrung weiter.

Da ich zu einer Verbindung ins Universum glaube, bin ich fest davon überzeugt, dass genau dieses Weitergeben meiner Erfahrungen zu meiner „Aufgabe" hier auf der Erde gehört! Durch das wirklich sehr große Feedback, das ich erhalte, fühle ich mich bestätigt und vor allem sehr motiviert!

Da ich Dankbarkeit tatsächlich „lebe" und mir positive Formulierungen und Affirmationen inzwischen wirklich in „Fleisch und Blut" übergegangen sind, darf ich erfahren, welch wundervolle Resonanz ich erhalte und dass die eigenen Gedanken sehr wohl prägend sind. Mein Leben ist voller FÜLLE, es ist lebendig und voller Inspiration! Das hatte ich mir immer erträumt! Meine Erkrankungen spielen dabei keine große Rolle. Sie sind da, ich nehme sie an und biete ihnen die Stirn, aber die Fülle in meinem Leben nimmt mehr Raum ein – und das ist gut so!

Noch eine letzte Anmerkung:
Während ich das Manuskript überarbeite, gab es wieder eine neue Dramatik in meinem Leben: mein Partner ist umgekippt und war bewusstlos: Rettungswagen, Notarzt und Krankenhaus. In mir kamen alte Dramen hoch, die mit meinem verstorbenen Mann in Zusammenhang stehen, da genau solch eine Situation damals zur absoluten Krebs-Tragödie wurde.
Ganz ehrlich: in diesem Moment war ich NICHT dankbar! Wie auch!
Und doch kamen nach einem Tag Beruhigung vom Schock (und da es ihm wieder besser ging), meine Gedanken auf die Dankbarkeit zurück. Wofür bitte liebes Universum sollte ich denn für diese schreckliche Situation dankbar sein?
Im Lauf des Tages und dem immerwährenden Wunsch, einen Sinn in diesem unschönen Vorfall zu finden, blitzte ein Gedanke auf: Der Hausarzt untersuchte ihn am kommenden Tag, als mein Partner wieder Zuhause war gründlich und überprüfte seinen Medikamentenplan und dabei stellte sich heraus, dass eines der Medikamente zu hoch dosiert war und dies den vermutlichen Kreislaufzusammenbruch auslöste.
Nun kam auch der Gedanke an Dankbarkeit in mir hoch: ohne diesen Vorfall hätte er noch länger dieses Medikament genommen und es wäre vielleicht noch Schlimmeres passiert. Nun, ein paar Tage später, haben sich die Werte nach dem Wechsel der Medikamente tatsächlich verbessert!
Und dann besann ich mich auf den Ablauf, als er umkippte und welche wundervollen Helfer wir sofort (!) hatten. Es hielten sogar zwei Sanitäter*innen an, die gerade privat vorbeifuhren und da sie von einer Schulung kamen, hatten sie Infusionen und Vieles mehr dabei und konnten ihm, bevor der Rettungswagen kam, sogar schon einen Zugang legen und versorgen. Eine Ärztin kam ebenfalls privat vorbei und blieb dann bei uns. Dankbarkeit pur! Ein junger Mann, den ich „Engel" nenne, hat alles gemanagt, als ob er das jeden Tag tun würde und

mein Partner wurde somit extrem gut erstversorgt und wir konnten somit alle zusammen Schlimmeres verhindern!
Da war sie also wieder, meine Dankbarkeit! ☺

Nun ist es Zeit für mich, um DANKE zu sagen:

Ich danke meinem verstorbenen Mann Peter für all die wunderbaren Jahre voller Inspiration und Liebe! Ich danke ihm, dass wir gemeinsam auch seine letzte Reise meistern konnten und ich daraus gereift hervorgegangen bin.

Ich danke meinen wundervollen Kindern mit Partnern, meiner Mama und meinem Bruder mit Familie für das DA-Sein, die Treue und ewige Unterstützung. Ich danke Euch dafür, dass Ihr mich oft wortlos unterstützt und immer daran denkt, was ich im „Rahmen meiner Möglichkeiten" tun kann! Und ich danke meinen Enkelchen für die unerschütterliche Liebe und dass sie mir durch ihr Dasein zeigen, dass sich die Welt immer weiterdreht!

Ich danke meinen engen Freunden, die mich so liebevoll und loyal begleiten, die immer für mich da sind und mich niemals aufgeben und ebenfalls immer daran denken, dass ich ein Handicap habe – dies aber nie im Vordergrund steht!

Ich danke meinem neuen Partner, der mir schon jetzt eine neue Fülle schenkt und mich außerordentlich inspiriert, unterstützt und einfach für mich da ist!

Danke allen Lesern und allen treuen Followern, ohne die ich als Bloggerin und Autorin ein einsames Leben hätte! Danke für Euer Mitfühlen, Euer wertvolles Feedback und dem Folgen!

Danke an jene, die mir Grenzen aufzeigten, die mich nicht mochten oder gar schikanierten. Durch sie bin ich gewachsen, und habe gelernt, wie ICH nicht sein möchte. Es waren teilweise schwere heftige Momente, aber sie machten mich zu dem, was ich heute bin!

DANKE an alle, die dies hier lesen, denn somit zeigt Ihr Interesse an ähnlichen Themen wie ich und ich konnte ein paar Menschen erreichen!

Herzlichst, Eure Heike

LINKS:

http://www.tomoff.de/30-wege-dankbarkeit-zu-zeigen/
http://karrierebibel.de/dankbarkeit/
http://www.psychotipps.com/selbsthilfe/dankbarkeit.html
http://www.lebenshilfe-abc.de/dankbarkeit.html
http://www.greensoul.de
http://www.evidero.de
http://www.viversum.de

Die Bücher der Autorin:

Die Reise zum Glück – Der Weg ist das Ziel

Ein Buch für alle Sinne – zum Anschauen und Genießen, zum Verstehen und Lernen.

Der Weg zum Glück –nicht als Wettbewerb, sondern mit Freude und Achtung der eigenen Persönlichkeit.

Dass Glücksempfinden auch mit einer chronischen Erkrankung möglich ist, zeigt Autorin Heike Führ noch zusätzlich mit liebevoll gestalteten Bildern, Zitaten, Texten und vielen wissenschaftlichen Recherchen auf.

Ein Buch für Gesunde ebenso wie für Gehandicapte – Entspannung pur, viele Anregungen und Tipps.

„Der Weg ist das Ziel" könnte das Motto des Buches sein – geht es eigentlich nur um das wahrnehmen der kleinen großen Dinge im Leben.

Buchdaten:
„Die Reise zum Glück", 12,99€
204 Seiten (z. Teil farbig) / Verlag: BoD, ISBN: 9-783739-200897

Hoffnung - vom Pessimisten zum Optimisten

Das Buch ist eine Fortsetzung des Buches „Die Reise zum Glück", ist aber ebenso getrennt davon lesbar. Es zeigt Wege auf, wie man zu sich selbst findet, sein Selbstbewusstsein stärkt und somit offen für das HOFFEN wird. Die Autorin setzt sich auf vielen Ebenen mit dem Thema Hoffnung auseinander und so ist ein Werk zum Lernen, Genießen und Anschauen entstanden, gewürzt mit vielen fachlichen Infos. Ein Buch für alle Sinne, optimistisch und zukunftsorientiert. Es ist für Gesunde ebenso wie für Gehandicapte geeignet. Entspannung und Bewusstwerden - Das ist das Ziel des Buches. Dafür sorgen Zitate, Energiebilder, eigene Texte und viele Impressionen.

Buchdaten:
148 Seiten
ISBN 978-3-7431-0181-4

Bewältigung chronischer Krankheiten und Depressionen / Für Angehörige und Betroffene

Verlag: BoD
ISBN 9783739245331
228 (23 farbige) Seiten

BEWÄLTIGUNG einer chronischen Erkrankung, Bewältigung von Depressionen und der Umgang mit diesen: das ist das Thema des Buches. Die Autorin, selbst an MS erkrankt, nutzt ihre Erfahrung als erfolgreiche Bloggerin und den damit verbundenen vielfältigen Kontakten zu chronisch Kranken und bereichert das Buch mit fachlichen Informationen rund um Depressionen, über das Erschöpfungssyndrom (Fatigue), das auch bei vielen Krebspatienten auftritt und über chronische Krankheiten im Allgemeinen.

Sie zeigt Bewältigungsstrategien auf und untermauert diese mit wertvollen pädagogischen Erklärungen und vermittelt somit nicht nur Bewältigungsstrategien für schwer Erkrankte, sondern auch für das Leben an sich!

Ein besonderes Augenmerk liegt auf den Angehörigen chronisch Kranker – ihnen ist ein komplettes Kapitel gewidmet, denn die Erkrankung betrifft auch immer das soziale Umfeld des Betroffenen. Ein Ratgeber für den Weg zu einem erfüllten Leben, untermalt mit vielen farbigen Fotos und Sprüchen.

Hanf - Erfahrungen mit CBD!
Infos rund um Cannabidiol, Cannabis & THC

ISBN-10: 3752817275
ISBN-13: 978-3752817270
108 Seiten,
5,99€

CBD, Cannabis - HANF! Was ist all dies, ist es legal oder illegal? Macht es high oder abhängig? Wie nimmt man es ein? Was bewirkt es? Diesen Fragen widmet sich die Autorin, die selbst seit 2017 täglich CBD-Öl konsumiert, engagiert mit vielen Recherchen.

Im Buch findet man alles rund um CBD: Wirkungsweisen und Anwendungsgebiete, sowie viele Infos und Erklärungen. All dies ist gepaart mit ehrlichen Erfahrungswerten.

Führ ist aktive Bloggerin im Bereich "Multiple Sklerose" und hat bereits sehr viele Artikel über CBD und die Anwendungsmöglichkeiten geschrieben! Des Weiteren ist sie erfolgreiche Autorin vieler MS-Begleitbücher, sowie Bücher zu pädagogischen Themen.

CBD ist ihr "persönliches Wundermittel" und hilft ihr enorm gegen einige Symptome der MS - vor allem gegen die erschöpfende Fatigue!

HALLO MS

MS: 2 Buchstaben, die eine vermeintlich geordnete Welt von heute auf morgen auf den Kopf stellen". So beschreibt Heike Führ den Tag ihrer Diagnosestellung. Wie sie ihren Alltag mit einer solch tückischen und bislang noch unheilbaren Krankheit meistert, beschreibt sie vor allem mit viel Humor und reflektiert in einer gelungenen Mischung aus Problematisierung und Relativierung. Nie werden die Herausforderungen der Krankheit geleugnet und doch triumphiert immer ihr optimistischer Kampfgeist und zeigt eindrucksvoll und selbstkritisch ihren eigenen Weg der Lebensfreude. Die Autorin weigert sich zu resignieren und erzählt ihre kleinen Alltagsfreuden, gespickt mit den Unwägbarkeiten, die durch ihre MS-Symptome unweigerlich dabei sind. "Hallo MS": nicht mehr, nicht weniger. Ein Buch, das Mut macht und Hoffnung weckt, das Anteilnahme authentisch vermittelt, Hilfestellung für den Alltag gibt und sowohl Betroffenen, als auch Angehörigen einen Einblick in die emotionale Verfassung eines chronisch kranken Menschen bietet, Ängste und Sorgen aufzeigt, aber dabei immer nach vorne schaut und niemals vor Selbstmitleid trieft. Kurzweilig und sehr alltagsnah - somit für Jedermann interessant.

Intimität ist mehr als Sex –
Wenn SEX zur Nervensache wird…

Kaum ein Gebiet ist so intim, Scham – und Angstbesetzt, wie die eigene und die Paar-Sexualität. Und kaum etwas anderes in einer Beziehung macht uns so verletzlich. Dabei ist Sexualität eine wundervolle Möglichkeit, Nähe zum geliebten Partner herzustellen und zu halten, oder in schwierigen Lebensphasen nicht den „Kontakt" zueinander zu verlieren. Aber besonders wenn ein Paar mit der Diagnose einer chronischen Erkrankung, wie z. B. MS, konfrontiert wird, versteht man, wie wichtig es ist, sich gegenseitig zu begreifen. Hier hilft die Autorin mit Ratschlägen, die sie auf Grund vieler Recherchen und Interviews mit an „Multipler Sklerose" - Erkrankten führte. Aber auch für Singles hält die Autorin Vorschläge bereit! Alltagsnah und somit sowohl für „Gesunde" als auch für chronisch Kranke, ist dieses Buch ein Begleiter in Sachen Sexualität. Behutsam wird der Fokus auf das gegenseitige Verstehen und Vertrauen gelenkt und zeigt Gesprächs-Formen auf. Ein kurzweiliger und lebensnaher kleiner Ratgeber, der in keinem Haushalt fehlen sollte. Taschenbuch: 68 Seiten - Verlag: Books on Demand; Auflage: 1 (24. September 2014) - ISBN-10: 3735793991

UNSICHTBARE Symptome

Nach dem erfolgreichen Erstlingswerk „Hallo MS" und dem kleinen Ratgeber „SEXUALITÄT/Tipps bei chronischen Erkrankungen", nimmt sich die Autorin diesmal den „UNSICHTBAREN SYMPTOMEN" der MS (Multiple Sklerose) an. Sätze wie „Du siehst gar nicht krank aus!", oder gut gemeinte Ratschläge, wie „Du musst Dich nur mal ordentlich ausschlafen", kann kein ernsthaft Erkrankter mehr hören. Heike Führ erklärt anschaulich die unsichtbaren Symptome der MS.

Ihre Texte sind voller Emotionen, Optimismus, Lebensmut und auch Sarkasmus geschrieben. Sie beschreiben sowohl Betroffenen, als auch Angehörigen in aller Deutlichkeit, warum nicht sichtbare Symptome ebenfalls ein ernstzunehmendes Problem darstellen. Außerdem zeigt sie auf, wie kränkend es für Betroffene ist, wenn man diese Symptome nicht wahrnimmt und ihnen vor allem keinen Glauben schenkt. Nicht nur für MS'ler und Außenstehende, auch für viele andere chronisch Kranke ist dieses Buch Balsam auf der Seele.

Taschenbuch: 84 Seiten - Verlag: Books on Demand; Auflage: 1 (22. Januar 2015) - ISBN-10: 3734755646

Alltags-Tipps bei MS / Praktische Hilfen

„Alltags-Tipps in vielerlei Hinsicht – das ist die Intention des Buches. Je nach Verlauf und je nach Ausprägung der „tausend Gesichter" der MS wird sich auch der jeweilige Alltag gestalten. Die routinierte Autorin gibt praktische Tipps zu Hilfsmitteln oder Alltags-Situationen ebenso, wie sie mit fachlichen Infos zur Seite steht. Ein Buch zum Lernen und auch Zurücklehnen, zum Schmunzeln und sehr hilfreich mit all den vielfältigen Anregungen. Für MS'ler ist es ebenso geeignet, wie auch für andere körperlich Behinderte.

Lebensnahe auf die Praxis bezogene Tipps bilden den Hauptteil. Sie rundet all dies mit ihren authentischen Texten rund um Behinderungen, wie beispielsweise Multiple Sklerose, ab und hilft damit sowohl Betroffenen, als auch Angehörigen enorm."

Buchdaten:
Autorin: Heike Führ
„Alltags-Tipps bei Multiple Sklerose"
Verlag: BoD, 128 Seiten
ISBN: 9783739224664
Euro: 7,99.-

Smiley erklärt Kindern MS

Dieses anrührende Kinderbuch beschreibt an Hand von dem süßen Mischlingshund Smiley und seinen beiden Freunden Fine und Balou anschaulich und sehr kindgerecht, was Multiple Sklerose (MS) ist. Smiley erklärt äußerst behutsam auf der Ebene des Kindes, wie sich MS äußern kann und wie es einem betroffenen Elternteil oder anderen betroffenen Angehörigen und Freunden mit MS gehen kann. Mit schönen authentischen Fotos und lustigen Geschichten aus seinem Hundeleben verknüpft er diese Botschaft so zartfühlend und hinreißend, dass Kinder bei der Begeisterung über den Hund Smiley und seine Freunde die Dramatik einer chronischen Erkrankung zwar begreifen, sie aber niemals als bedrohlich erleben. Die Autorin hat sich ihre jahrzehntelange Berufserfahrung als Erzieherin mit vielen pädagogischen und psychologischen Weiterbildungen zu Nutze gemacht und empathisch ein Kinderbuch, das auch gleichzeitig ein Ratgeber ist, geschrieben. Ein Buch, das man auch Erwachsenen zum besseren Verständnis der MS in die Hand drücken kann.

Der komplette Erlös geht an den Tierschutzverein Santorini e.V.

Taschenbuch: 48 Seiten - Verlag: Books on Demand; Auflage: 1 (24. Februar 2015) - ISBN-10: 373476730X

Wieso ist meine Mama immer so müde?
Smiley bellt HALLO MS und Fatigue

Dieses Buch ist die perfekte Ergänzung zum Buch "Smiley bellt Hallo MS!".

Smiley erklärt auf der Ebene des Kindes sehr kindgerecht das Symptom "FATIGUE" - die große Müdigkeit bei MS - und beantwortet außerdem noch detailliert viele FRAGEN rund um die MS!

Farbige Fotos, Zeichnungen und Erklärungen runden das Buch ab und wer sich in Smiley, den süßen Mischlingshund, nicht schon im ersten Buch verliebt hat, wird es spätestens nun nicht mehr schaffen, seinem Charme zu widerstehen. Ein Buch, das nicht nur für Kinder geeignet ist, denn es erklärt so unkompliziert MS und FATIGUE, dass es für Jedermann interessant und informativ ist.

ISBN-10: 3743111608

EURO: 5,99.-

Fragen & Antworten rund um die MS: Multiple Sklerose einfach erklärt

Die routinierte und erfahrene MS-Bloggerin und Autorin Heike Führ kennt aus unzähligen Gesprächen mit Betroffenen und deren Angehörigen die häufigsten Fragen, die sich zu Beginn einer MS-Diagnose oder im Laufe der Erkrankung auftun.
Und nicht nur Neuerkrankte fühlen sich unsicher - sogar „alte MS-Hasen" stehen immer wieder einmal vor Fragen und können sich ihre Symptome nicht erklären. MS ist die „Krankheit der 1000 Gesichter" und deshalb kann man, selbst wenn man jahrzehntelang MS hat, plötzlich einem neuen Symptom gegenüberstehen oder durch andere Umstände verunsichert sein.
Dieses Buch hilft im Alltag mit MS, beleuchtet alle wichtigen Sachverhalte rund um die MS und bereichert mit Grafiken und den gewohnt humorvollen, deutlichen und sehr authentischen Texten der Autorin, die selbst seit 1994 an MS erkrankt ist.
Was Sie schon immer über MS wissen wollten? Hier finden Sie es!

ISBN-10: 3744883477
EURO: 9,99.-

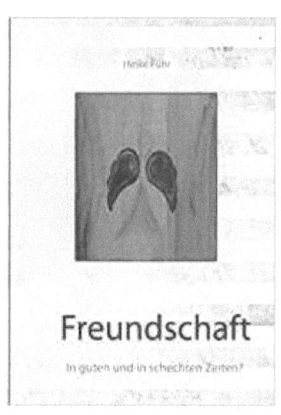

FREUNDSCHAFT

164 Seiten
ISBN 978-3-7412-3810-9

Die routinierte und mittlerweile sehr erfahrene Autorin und Bloggerin Heike Führ widmet sich dem Thema Freundschaft in allen Facetten. Das Buch ist als kleiner Ratgeber zu verstehen – es vermittelt wichtige Hintergrundinformationen, bezaubert mit Anmerkungen und selbst geschriebenen Texten über eigene Erfahrungen, sowie mit entsprechend passenden Grafiken. Es beleuchtet „Freundschaften" in all ihren wundervollen Möglichkeiten und Chancen, aber auch in Trennung und Schmerz, sowie Mobbing und Lästern, Neid und Missgunst.

Gedankenspiele rund um Freundschaften/Beziehungen, beste Freundinnen und Männerfreundschaften. Ernsthaft, humorvoll und locker – eine liebevolle Lektüre mit der Hommage an wahre Freundschaften!

Betrachten Sie das Büchlein als kleinen Wegweiser, um Hintergründe besser verstehen zu können und daraufhin dann adäquater handeln zu können. Nur wenn man begreift, was im Anderen vor sich gehen könnte, kann man Missverständnisse vermeiden oder gar aus dem Weg räumen.

JUVENILE MS / Kinder mit MS
ISBN: 9 783739 228792

SMILEY – der kleine Frechdachs mag nicht duschen
108 z.T. farbige Seiten
ISBN 978-3-7392-4325-2

„Der Tanz durchs Leben"
284 zum Teil farbige Seiten
Verlag: BoD
ISBN 9783842350564

GEDÄCHTNIS-Störungen / Kognitive Leistungsstörungen bei MS
152 Seiten
ISBN 978-3-8482-2160-8

LOW CARB für UNTERWEGS
84 Seiten, ISBN 978-3-7386-1713-9

LOW CARB VEGETARISCH & schnell
92 Seiten, ISBN 978-3-7412-7127-4

LOW CARB Kuchen, Gebäck, Pralinen & Torten: Süßes: lecker und einfach!
84 Seiten, ISBN-10: 3743190575

Viele weitere Bücher gibt's auf www.multiple-arts.com/shop